Evelyn Thomsen · Die Kraft der Rosen

Evelyn Thomsen

Die Kraft der Rosen

Leben, Geniessen, Schön und glücklich sein mit Rosen

Klatschmohn

Hinweis des Verlages

Die in diesem Buch dargestellten Informationen und Rezepte sind nach bestem Wissen und Gewissen zusammengestellt. Eine Haftung und Wirkgarantie kann nicht übernommen werden. Eine Rosenbehandlung ersetzt nicht den Besuch beim Arzt. Wenn ein bestimmtes Beschwerdebild häufig auftritt oder Ihnen unerklärlich ist, sollten Sie auf jeden Fall einen Arzt oder Heilpraktiker oder Psychotherapeuten zu Rate ziehen und ggf. eine ergänzende Rosenbehandlung mit ihm absprechen.

Ein herzliches Dankeschön

der Yves Saint Laurent GmbH, München, für die »duften« Einblicke in die Welt der berühmten Rosenparfums, speziell des Duftes »Paris Premières Roses«. Ebenso herzlichen Dank an die Parfum Distribution Hamburg, durch die ich die interessanten Geschichten der Düfte »Love in Paris« von Nina Ricci und »Chic« von Carolina Herrera erfuhr. Ein herzliches Dankeschön geht an Herrn Andreas Korte (Korte PHI Essenzen) für seine Information über die feinstoffliche Wirkkraft der Rosenessenzen und natürlich an alle meine Testerinnen und Tester, die bereitwillig Wohlfühl-, Kosmetik- und Küchenrezepte probierten und als die Ersten ihre Rosenpersönlichkeit mit dem Rosenkarten-Test entdeckten.

Bildnachweis:
Für die freundliche Überlassung der Rosenabbildungen im Buch danken wir der Firma BKN Strobel, Holm (Gold Symphonie®, Pink Symphonie®, Tilt Symphonie®, White Meidiland®, Pink Swany®, Sweet Pretty®, Alba Meidiland®, Leonardo da Vinci®, Zimtrose – Rosa®, Rosa vosagiaca®) sowie dem Rosarot Pflanzenversand, Gert Hartung, Raa-Besenbeck.
Weitere Fotos sind von Renate Kriesmann/Rostock und von Evelyn Thomsen.

Layout und Herstellung · Klatschmohn Verlag
Umschlagfoto: Evelyn Thomsen

ISBN 3-933574-89-7

Printed in Germany

Vorwort

... oder wie meine »rosigen Zeiten« begannen

Vor einigen Jahren schrieb ich einen Artikel über Aromaöle und hatte mich zuvor schon intensiv mit deren Herstellung und Wirkung beschäftigt. Ganz besonders war mir dabei die Rose aufgefallen, und ich las die überlieferten historischen Rosengeschichten mit Faszination. Ich begann, alte Rezepte auszuprobieren und tüftelte an meinen eigenen Rosenkosmetik-, Wohlfühl- und Küchenrezepten. Zunehmend stellte ich fest, dass die Rose sanft und leidenschaftlich zugleich – wie es eben ihre Art ist – einen festen Platz in meinem Leben erobert hatte. Sie war meine »Assistentin« in Bezug auf Wohlfühlen, Gesundheit, Aussehen, Selbsterkenntnis, Beruf bis hin zu meiner persönlichen Entwicklung geworden. Viele Rezepte für Küche, Gesundheit und Schönheit sind durch diese »rosige Zusammenarbeit« entstanden.
Ihren Platz in meinem Leben hat die Rose immer noch. Häufig beginnt mein Tag mit Rosenkeksen und endet mit Rosenblütentee. Und ganz von selbst taucht während des Tages oder während einer Meditation häufig das Bild einer blühenden Rose vor meinem geistigen Auge auf. Ein wahres Kraftbild, das starke motivierende Energie ausüben kann – probieren Sie es aus. Sie werden einige Visualisierungs-Anregungen in diesem Buch dazu finden.
In gewissem Sinn fungierte die Rose für mich aber auch als Lehrerin – führte sie mich doch dazu, manche Dinge aus anderem Blickwinkel zu betrachten oder auf andere Weise anzugehen.
Eines Tages – ich schlenderte gerade im Park an verschiedenen Rosensorten vorbei – ging mir durch den Kopf, dass im Grunde in jedem Menschen eine Rose schlummert. Und ich begann das Typische an den einzelnen Rosensorten zu studieren. Was war eigentlich das Charakteristische an einer Kletterrose, Buschrose etc.? und wie könnte es in Verbindung zum Menschen stehen? Mit einfach angefertigten Karten testete ich die Erkenntnisse im Freundes- und Bekanntenkreis (den ich nebenbei noch mit Testgerichten und Testkosmetik versorgte). Tatsächlich konnten wir viele Parallelen feststellen, woraus der diesem Buch beiliegende Rosen-Kartentest entstanden ist. Lassen Sie sich überraschen, und freuen Sie sich über die Rose, die in Ihnen steckt und vielleicht durch dieses Buch noch ein bisschen mehr zum Blühen verlockt wird.

Ihre Evelyn Thomsen

Rosen von der Antike bis heute

Der Zauber der Rose ist grenzenlos – und zeitlos. Seit alters her und in vielen Ländern »verfiel« man der Rose nur zu gern, wie historische Aufzeichnungen bezeugen. Die Duft- und Wirkstoffe der Rosen wurden bereits in frühen Kulturen geschätzt und Rosenöl schon 2000 Jahre v. Chr. als Parfumrohstoff erwähnt. Um 600 v. Chr. entstand der Ausdruck »Königin der Blumen«, der auf die griechische Dichterin Sappho zurückzuführen ist. Sie lebte auf der Insel Lesbos und war berühmt für ihre Gedichte, die von großer Leidenschaft und Naturverbundenheit erzählten. Als Königin akzeptiert und verehrt, findet sich in der Geschichte der Rose noch viel überschwängliches Lob über dieses Luxusgut der Pflanzenwelt. Im alexandrinischen Zeitalter philosophierte Achilles Tatios (um 139 v. Chr.) über die Rose: »Wenn Zeus den Blumen eine Königin hätte geben wollen, so würde er gewiss nur die Rose dieser Ehre für würdig erachtet haben ...« Plinius (ca. 23 bis 79 n. Chr.) beschrieb in seiner »Naturgeschichte« die therapeutischen Eigenschaften aromatischer Substanzen, darunter notierte er 32 aus der Rose gewonnene Heilmittel.

Historische Rosentraditionen

In der Türkei gehörten Rosen und Rosenwasser zur täglichen Gesichts-, Körper- und Haarpflege. Mit Rosenöl und Rosenwasser wurden – und werden noch heute – Speisen und Getränke aromatisiert. Rosenblüten dienten als Tischschmuck, und nicht zuletzt zierte eine Fülle von Rosensträuchern die türkischen Gärten.

Während ihrer Glanzzeiten schwelgten auch die Griechen in allem, was duftete. Beliebt war Rosenparfum – und dieses musste aus der Gegend von Phaselis, Neapel oder Capua stammen, die als erstklassige Duftlieferanten bekannt waren. Düfte begleiteten die Griechen überall hin. Sie wurden verschwenderisch und zur Freude aller Sinne eingesetzt. So üppig wie die Festbankette mit Honig, Brot und Wein bestückt waren, so verströmten auch Räucherharze, Rosengebinde, Blumenkränze und Schalen und Kelche mit Rosenwasser ihren duftenden Geist während eines Festes. An diesem Duft konnte sich jeder berauschen, und es gab Empfehlungen, die wohltuende Wirkung eines Duftes gezielt einzusetzen. Mit Harzen und Blumen wertete das duftbegeisterte Volk Wein auf, der so aromatischer, süßer und wahrscheinlich auch intensiver in Geschmack und Wirkung wurde.

»Das Auftragen lieblicher Düfte auf das Haupt ist das beste Rezept gegen Krankheit«, so eine griechische Weisheit. Anakreon, ein griechischer Liebesdichter riet zum Einreiben der Brust als dem Sitz des Herzens und lobte den beruhigenden Einfluss der Düfte, die man dort auftrug. Über die Rose berichtete er: »Auch den Kranken heilt sie wieder und scheucht von den Toten die Verwesung.« Die Heilkraft der Rosen wurde von den Griechen an einigen Stellen »bewiesen«. So soll eine hübsche Bauerntochter jeden Morgen eine Blumengabe zum Tempel der Venus gebracht haben. Eines Tages erkrankte sie an einem Geschwür, das ihr ganzes Gesicht verunstaltete. In einem Traum erschien ihr die Göttin Venus, die ihr riet, Rosen auf den Altar des Tempels zu legen. Das kranke Mädchen tat wie ihr befohlen, sie wurde gesund und so schön, dass sie Cyrus als seine Lieblingsfrau auf den persischen Thron holte. Die Rose brachte ihre orientalischen »Fans« nicht nur in dichterisches Schwärmen, sondern regte auch zum Nachdenken darüber an, wie man den kostbaren Duft konservieren könnte. Der islamische Philosoph und Arzt Avicenna (980-1037) soll mit der Rose »Gul sad berk« (Rosa centifolia), der ältesten und intensiv duftenden rosa Rose, seine ersten Duftexperimente durchgeführt haben. Es gelang ihm, Rosenwasser herzustellen, das dann einen triumphalen Siegeszug antrat. Rasch entwickelte sich ein Rosen-Brauchtum, das im Orient zum Teil heute noch Tradition ist. Kleider, Fußböden und Einrichtungsgegenstände werden mit Rosenwasser besprengt und Fremde mit einem Spritzer Rosenwasser aus einem enghalsigen Gefäß aus Glas oder Steingut (dem Gulabdan) begrüßt. Eingehüllt in den würzigen Duft von Räucherwerk aus einem Räucherfässchen wird der Gast bewirtet. Häufige Zutat von Gerichten, insbesondere von Gebäck: Rosenwasser.

Tempelromantik und Pestbekämpfung

Tempel, Götter und Tänze – was wären sie ohne Düfte, die Geist und Sinne verzaubern? Schon früheste Aufzeichnungen in Indien beweisen, dass Blumen und Düfte eine wichtige Rolle im täglichen Leben der Menschen spielten. »Wer hat nicht Kunde von Kaschmirs Tal, dessen Rosen an Schönheit alle besiegen ...«, beginnt ein Gedicht aus dem 15. Jahrhundert, das die Berühmtheit des Rosenanbaugebietes in Kaschmir ahnen lässt. Seit langem wird in Indien Rosenöl hergestellt, und seine »Entdeckung« beruht auf einem Zufall. Danach soll die Lieblingsfrau eines Maharadscha durch ihren Garten spaziert sein und einen Bach mit Rosenwasser betrachtet haben. Auf der Oberfläche erkannte sie kleine ölige Tröpfchen, die sie abschöpfen ließ. Die Tröpfchen dufteten so rein und köstlich nach Rosen, dass man Methoden suchte, Rosenöl auf reguläre Weise zu gewinnen. Es gelang auf einfache Weise: Die Blütenblätter wurden von den Destillateuren mit Wasser bedeckt über Nacht in einen Bottich gelegt. Am nächsten Morgen konnten die kostbaren Rosenöltröpfchen von der Oberfläche abgeschöpft werden. Um das Extrahieren des Öls zu erleichtern, gab man dem Wasser Sandelholzspäne bei. Einen duftintensiven Nachteil hatte diese Methode allerdings: Das Öl roch nicht nur nach Rosen, sondern auch nach Sandelholz. Eine weitere Methode war, ölreiche Sesamsamen zwischen die duftenden Blütenblätter zu schichten und die Blütenblätter mehrmals auszuwechseln. Nach einiger Zeit hatten die Samenkerne den Duft der Rosen in sich aufgenommen. Nach dem Pressen fand sich der Duft im Sesamöl wieder.

Volle Truhen mit Stoffen, Kosmetik, Gewürzen und duftenden Essenzen brachten die Ritter von ihren Kreuzzügen nach Europa zurück und

beschenkten ihren König, den heiligen Ludwig IX. (1214-1270). Das Rosenwasser eroberte die Adelshäuser schnell. Es war überall zugegen – in Riechfläschchen, es sprudelte aus Zimmerbrunnen, war Handwaschwasser für verwöhnte Schlossherren und Gäste.

Als die Pest in Europa wütete, trug man sogenannte Pomander, kleine, aus Ambra, Benzoin und anderen Duftstoffen hergestellte Kugeln mit sich, die einer Ansteckung vorbeugen sollten. Nach einem alten Rezept soll man eine Unze (ca. 31 Gramm) feinste Gartenerde sieben Tage lang in Rosenwasser einweichen und damit reinigen. Nach dieser Zeit mischt man Labdanum, Benzoin, Ambra, Zibet und Moschus hinzu und kann dann aus der festen Erd-Gewürzmasse kleine Kugeln formen. Pomander wurden an einer Reihe aufgezogen als Kette getragen oder in einem kugelförmigen, gelochten Gefäß aufbewahrt, an dem man des öfteren schnupperte. Der Pomandergebrauch hielt sich einige Jahrhunderte und wird – in anderer Rezeptur – heute noch zur Zimmer- und Schrankbeduftung verwendet.

Historische Kosmetik

Fantasiereich setzten unsere Vorfahren die Rose ein. Angenehm duftend wollte man mit Hilfe der Rose den Jahren und ihren Spuren auf der Haut ein Schnippchen schlagen. Ovid, ein römischer Dichter (43 v. Chr. bis 17 n. Chr.) schrieb neben Liebesgedichten auch ein Buch über Kosmetik. Darin lobt er Olibanum und lässt ihn mit Salpeter, Fenchel, Myrrhe, Rosenblättern und Salmiak zu einer Gesichtsmaske vermischen. Überhaupt wurden die Römer als pflegebewusstes Volk nicht müde, stets neue, und für unsere Ohren abenteuerliche Kosmetikrezepte zu kreieren. Erbsenmehl, Gerstenmehl, Eier, Hirschhorn, Honig, Maismehl, Milch, Weinhefe und vieles mehr war die Basis der duftangereicherten Cremes, Gesicht- und Haarpackungen. Duft und Pflege verband man in Indien mit dem Rezept für »Abeer«, einem Gesichts- und Körperpuder. Er bestand aus Sandelholz, Aloe, Rosen, Tumerik, Kampher und Zibet. Unsere Urgroßmütter machten es sich einfacher und legten schlicht taufrische Rosenblüten auf die Haut. Wer es sich leisten konnte, vermischte zerstoßene Rosenblätter mit frischer Sahne oder verquirlte sie mit einem frischen Eidotter. Aus Großmutters Schönheitsbuch stammt auch dieses wirkungsvolle Rezept: »Man mische eine Handvoll frische oder getrocknete Rosenblüten mit einer Tasse Obstessig (Apfelessig), gebe die Mischung in ein verschließbares Gefäß oder eine Flasche und lasse sie zwei Wochen ziehen. Danach die Rosenblütenmasse ausquetschen und filtern, bis keine flockigen Rückstände mehr im Rosenessig vorhanden sind. Dann gebe man zwei Esslöffel Rosenwasser und einen Tropfen Rosenöl hinzu und bewahre den Rosenessig an einem kühlen, dunklen Ort auf.« Der Rosenessig wurde als Gesichtswasser benutzt, wobei seine porenverengende Wirkung hervorgehoben wurde, ebenso als erfrischendes Körperwasser an heißen Sommertagen.

Rosige Namen

Im Mittelalter waren »rosige« Namen in Italien große Mode. In Deutschland erlebten sie ab dem 19. Jahrhundert bis Anfang des 20. Jahrhunderts eine neue Blütezeit. »Rosas« waren nicht nur im täglichen Leben allgegenwärtig, kaum ein Schauspiel, ein Lied, eine Operette, ein Roman, in dem nicht eine gleichnamige Dame vorgekommen wäre. Verfolgt man die Namensgeschichten zurück, ergeben sich manche interessante Details. Einige Namensverbindungen mit Rosa(e) waren schon bei den Germanen beliebt. Der Name bzw. die Form »Rosa« entstand aus dem germanischen »hröpi«, gleichbedeutend mit »Ruhm«. Ausgesprochen wurde das »p« wie das englische »th«, das in romanischer Sprache durch ein »s« ersetzt und später als das lateinische »rosa« = Rose verstanden wurde.

Rosa: auch Rose, lat. Ursprung, im 19. Jahrh. in Deutschland größere Verbreitung. Bekannte Namensträgerinnen:

Hl. Rosa von Lima und Patronin von Amerika (16./17. Jahrh.), Rosa Luxemburg, deutsche Politikerin (1870-1919). Aus dem Namen Rosa wurden in den verschiedenen Sprachen Koseformen gebildet. In Italien sagt man Rosetta oder Rosina, in Frankreich Rosette, in Ungarn Rosika, in Deutschland Rosel oder Rosi und in Spanien Rosita.

Rosabella: Neubildung aus Rosa und dem ital. »bella« = schön.

Rosalinde: Im Germanischen etwa gleichbedeutend mit Rosa = Ruhm und linta = Linde, Schild aus Lindenholz. Im Italienischen Rosa linda = Die reine Rose. Eine Rosalinde kommt in Shakespeares Lustspiel »Wie es Euch gefällt« vor, ebenso in der Operette »Die Fledermaus« von Johann Strauß.

Rosamunde: Im Germanischen etwa gleichbedeutend mit Rosa = Ruhm und munda = Schutz, Schützer. Die italienische Rosa mundi = Rose der Welt. Geschichte machte der Name durch die Frau des Langobardenkönigs Alboin im 6. Jahrhundert. Neben einigen volkstümlichen »Rosamunde«-Liedern schrieb auch Franz Schubert seine Rosamunden-Overtüre.

Rosemarie: Namensverbindung aus Rose und Marie. Auch dies ist ein vielbesungener Name. Die Filmwelt brachte Horrorfans mit Rosemarie's Baby zum Gruseln. Eine Rosemarie sorgte auch im Roman »Die Heilige und ihr Narr« von Agnes Günthers für Spannung.

Rosemary: Die englische Form des Namens bezieht sich auf die Pflanze Rosmarin (rosemary) und bekommt dadurch eine neue Bedeutung.

Roswitha: Altdeutsche Schreibweise: Hroswitha, setzt sich zusammen aus »hruod« = Ruhm und »swith« = stark. Bekannte Namensträgerin war die Nonne Roswitha (Hrótsvit) von Gandersheim. Ihre historischen Dichtungen in Hexametern, ihre Dramen in Reimprosa sind die ältesten dramaturgischen Werke des Mittelalters.

Rosetraud: Zusammensetzung aus Rosa und »traud«, althochdeutsch: »trut«, was soviel wie vertraut, lieb bedeutet.

Rosengard: Im Althochdeutschen schloss man der Rose noch ein »gard« an, was dem »garto« = Garten entspricht.

Annerose: Doppelform aus Anne (hebräischer Ursprung »hanna« = Gott war gnädig) und Rose.

Heiderose: Doppelform aus Heide (von Adelheid) und Rose. In der Kurzform Heide steckt die althochdeutsche Bedeutung »adal« = edel und »haidu« = Wesen, also »das edle Wesen der Rose«.

Ingerose: In der Vorsilbe »Ing(wio)« steckt die Bezeichnung für eine altgermanische Gottheit, hinzu kommt die »ruhmreiche« Rose.

Rosenheilkraft für Körper, Geist und Seele

Das Wissen über die Wirkung der Rose und der Produkte daraus beruht auf der überlieferte Wissen alter Hochkulturen, auf den über viele Jahrhunderte gewachsenen Erkenntnissen der Natur- und Volksheilkunde aus aller Welt sowie auf den aktuellen Erfahrungswerten verschiedener therapeutischer Methoden. In der Aromatherapie schätzt man die vielseitige positive Wirkung der Rose auf Körper, Geist und Seele, und in der Kosmetik ihren harmonisierenden Einfluss auf die Haut.

Die Heilimpulse, die von Rosen bzw. Rosenprodukten ausgehen, aktivieren unsere inneren Selbstheilungskräfte und sind auf den Wirkstoffkomplex der Rose in seiner Gesamtheit zurückzuführen. Je nach Einsatzbereich kommen dabei einzelne Inhaltsstoffe der Rose, zum Beispiel die ätherischen Öle, besonders zum Tragen. Das bedeutet, jeder kleinste Rosen-Bestandteil trägt zur großen Wirkung der Behandlung bei. Im Vordergrund stehen die ätherischen Öle der Rose, die ein Duftkomplex aus den ätherischen Stoffen Citronellol, Rhodinol, Nerol, Linalool, Geraniol, Eugenol, Farnesol und Phenyläthylalkohol sind. Ferner sind Stearopten (ein Fett), Gerbstoffe, Quercetin, Apfel-, Bernstein-, Gallus-, Weinstein- und Zitronensäure sowie Zuckerstoffe enthalten. Der Einsatzbereich von Rosenwasser bzw. Rosenöl ist sehr vielseitig und hilfreich bei:

- Nervösen Herzbeschwerden
- Magen-Darm- und Verdauungsproblemen
- Blutreinigung
- Hautproblemen (Ekzemen, Wunden, Bart- und Schuppenflechte, nervösen Hauterscheinungen, Hauttrockenheit, fettiger, unreiner Haut bzw. zur generellen Hautpflege
- Zahnfleischentzündungen
- PMS
- Schmerzhafter und unregelmäßiger Menstruation
- Fieber/Heiserkeit
- Bindehautentzündung
- Kopfschmerzen
- seelischen Belastungen und den daraus resultierenden Problemen wie Ängste, Energielosigkeit, Schlafstörungen, Niedergeschlagenheit, Freudlosigkeit, Depression usw.
- Trauer- und Vergangenheitsbewältigung
- Genussunfähigkeit und Förderung der Libido
- Persönlichkeitsentwicklung

Im Kapitel »Indikationen für Rosenbehandlungen« finden Sie viele Tips und Rezepte für innerliche wie äußerliche Rosenbehandlungen. Der Persönlichkeitsentwicklung ist in diesem Buch ein eigenes Kapitel gewidmet.

Ganzheitliche Vorgänge von Rosen angeregt

Die Haut ist ein wichtiger Übermittler der Heilkraft der Rosen bzw. aller ätherischen Öle. Von ihrem Aufbau her besitzen ätherische Öle alle Voraussetzungen, um über die Haut wirksam werden zu können. Ihr Molekularaufbau ist so fein, dass sie eintausendmal schneller als Wasser über die Haarfollikel in die Haut eindringen können. Dort verbinden sie sich mit dem Sebum, dem Hautfett. Es weist eine dem ätherischen Öl verwandte stoffliche Struktur auf, weshalb es sich leicht mit dem ätherischen Öl vermischt. In die Haut eingedrungen, strömt das ätherische Öl über feinste Kapillaren in den Blutkreislauf und wird auch von der Lymphflüssigkeit aufgenommen und weitertransportiert. Ein ätherisches Öl, das auf einen bestimmten Hautbereich aufgetragen wird, zum Beispiel Rosenöl auf die Herzgegend, verteilt sich zunächst im Haut- und Muskelgewebe und erreicht dann das Herz und die umliegenden Organe. Die Beeinflussung der Organe ist nicht nur im direkten Hautbereich möglich, sondern auch über die Behandlung der Reflexzonen. Fußsohlen, Handinnenflächen, Gesicht und Rücken stellen »Organ- und Körperfunktionszentralen« dar. Über die Reflexzonen können die Organe und Funktionen, Muskel- und Nerventätigkeiten sowie das Hormonsystem stimuliert werden. Die Rose ist eine ebenso sanfte wie gründliche Heilerin. Sie erreicht uns außerdem über alle unsere Sinne – Sehen, Hören, Schmecken, Riechen und Tasten, um auch dort heilende Impulse zu vermitteln.

»Dufte« Sinneseindrücke

Wenn die Nase den Duft einer Rose wahrnimmt, schaltet das Gehirn sozusagen die »Genussautomatik« ein, und die geht so: Augen zu, Nase leicht anheben und in den Duftbildern der Fantasie schwelgen. Bei diesem Vorgang dringt der Rosenduft blitzschnell zu den rund 20 Millionen Riechzellen im Bereich der oberen Nasenmuschel vor. Die Rosen-Duftmoleküle besetzen die passenden Rezeptorenhärchen, die aus jeder der Nervenzellen herausragen. Diesen Vorgang kann man mit einem Stecker vergleichen, der in eine Steckdose passt. Der Kontakt von Duftmolekül und Rezeptor löst einen Impuls aus, der sofort an das Gehirn, in die »Abteilung« Limbisches System, weitergeleitet wird. Von dort aus werden beispielsweise der Stoffwechsel kontrolliert, Stresseinwirkungen ausbalanciert, die Immunabwehr reguliert, die Hormonproduktion gesteuert etc. Das Limbische System ist auch Sitz der Wahrnehmungsfähigkeit und der Gefühle. Und diese können von Düften in verschiedene Richtungen stimuliert werden. Im Fall von Rosenduft dürften das fast ausnahmslos angenehme Gefühle sein. Mit dem Wohlbefinden steigt der Gehalt an Immunglobulin im Blut. Dies sind Antikörper, die dazu beitragen, dass Infekte, Krankheiten, Wunden usw. rascher heilen. Abgesehen von den speziellen Indikationen für eine Rosenbehandlung, kann die Rose mit ihren ganzheitlich harmonisierenden Eigenschaften im Prinzip bei allen Beschwerden zur Besserung beitragen.

Rosenwirkung im Blickpunkt

Beinahe auf magische Weise zieht eine Rosenblüte Blicke auf sich. Nur zu gern lässt man sich in ihren Bann ziehen, um sie zu betrachten und damit bestimmte Empfindungen auszulösen und zu genießen. Hierbei spielt die Far-

be der Rose eine große Rolle, was die Fantasie automatisch in eine bestimmte Richtung lenkt. Eben noch mit sich und der Welt unzufrieden, löst die weiße Rose die Negativität auf und weckt reine Gefühle, die sogar das Gefühl des All-eins-Seins empfinden lassen können. Über die Augen berühren rosa Blüten unser Herz und rufen zärtliche, liebevolle und mitfühlende Gefühle hervor. Gelbe Blüten aktivieren unsere Kreativität und »kitzeln« unser selbstbewusstes Ich-Gefühl. Gelbe Blüten mit orangem Rand oder auch orange oder aprikotfarbene Blüten öffnen für freudige Kommunikation. Rote Rosen dringen zu tiefen Liebesgefühlen vor und können erotische und leidenschaftliche Gedanken wecken. So kommt es, dass allein der Anblick einer Rose im Strauß oder eines Rosenbusches im Garten unseren Gefühlszustand deutlich beeinflussen und positiv verändern kann.

Hörbare Rosenromantik

In der Musik sind Rosen sozusagen der Garant für Romantik und Liebe. Wenn Rosen im Spiel sind, fällt es unserer Fantasie leicht, sich das im Musiktext vorgegebene Szenario oder die Stimmung vorzustellen und nachzuempfinden. Man vergisst den Alltag, um in der Fantasie einmal selbst die besungene »Rose vom Wörthersee« zu sein. Als ich über dieses Thema nachdachte und mich mit anderen darüber unterhielt, fand ich es faszinierend, wie tief wir alle die Symbolik der Rose in uns verankert haben und welche Assoziationen das Wort »Rose« in uns wecken kann.

Um beim Beispiel zu bleiben: Bei der »Rose vom Wörthersee« handelt es sich um eine Dame, die für ihren Verehrer schön, begehrenswert, liebenswert etc. ist. Allein durch die Gleichstellung der Frau mit einer Rose ist jedem Zuhörer sofort klar: Aha, bei dieser Frau handelt es sich wirklich um etwas Besonderes, um eine Frau, die

von vielen begehrt und bewundert wird. Was wäre, wenn der Sänger die Angebetete als Veilchen vom Wörthersee besänge? Wir würden sie uns wohl eher als eine etwas zurückhaltende, »im Verborgenen« blühende Dame vorstellen. Oder als Gänseblümchen? Dahinter würden wir eher ein unkompliziertes, freundliches, wenn auch nicht allzu aufregendes weibliches Wesen vermuten.

In gewisser Weise ist die Rose auch unnahbar, manchmal nicht erreichbar. Insbesondere »weiße« Rosenlieder vermitteln uns das, zum Beispiel »Weiße Rosen aus Athen«. Die Absenderin der weißen Rosen ist einsam, wartet aber geduldig auf die geliebte Person. Man stellt sich vor, wie sie treu zu dem Mann in der Ferne hält und keinen anderen Mann erhört. Das Lied »Weiße Rosen für eine Liebe, die ab heut' mir nicht mehr gehört«, bringt noch eine »weiße Symbolik« zum Ausdruck: Trauer, Abschied nehmen und Gefühle und Verbindungen, die sich auflösen (müssen). In dieser Symbolik mag auch der Ursprung liegen, weshalb weiße Rosen oft als Trauerblumen gesehen werden. Weiße Rosen symbolisieren aber auch den Anfang. Sie werden deshalb gern zur Geburt geschenkt, weil der kleine Mensch noch ganz rein ist – wie weiße Rosen. Eindeutig auf Freiersfüßen bewegt man sich mit roten Rosen. Entsprechend viele Melodien gibt es zum Thema, zum Beispiel »Schenkt man sich Rosen in Tirol, weiß man, was das bedeuten soll«, »Rote Rosen sind die ewigen Boten der Liebe«, »Junger Mann mit roten Rosen«, »Rote Rosen, rote Lippen, roter Wein« usw. Vielleicht finden Sie in Ihrem Musikschrank auch noch ein paar Melodien, zu denen Sie gerne einmal wieder träumen würden.

Schmackhafte Rosenfreuden

Jede Nahrung hat eine bestimmte energetische Wirkung. Während zum Beispiel Kartoffeln oder Fleisch den Esser schwer machen und ihn erden, vermitteln Reis und Tofu eine Geborgenheit, die sich wesentlich leichter anfühlt. Das körperliche Empfinden macht sich auch geistig bemerkbar. Je nach Nahrung wird der Geist träge, bleibt wach oder wird sogar aktiviert. Rosengeschmack an einem Gericht »hebt« Körper und Geist. Über die Geschmacksrezeptoren der Zunge werden feine Impulse an Körper, Geist und seelisches Empfinden weitergeleitet, die als ganzheitlich »verfeinernd« bezeichnet werden können. In der verfeinerten Wahrnehmung wird die Mahlzeit ein intensiveres Genusserlebnis. Ferner kann man besser spüren, wann die Sättigung erreicht ist. Während des Essens breitet sich die harmonisierende Schwingung des Rosengeschmacks in allen Empfindungen aus, was nicht zuletzt zu einer angenehmen Atmosphäre bei Tisch führt. In der orientalischen Küche sind Rosen als Rezeptzutat häufig zu finden. Hierzulande bedeutet Rosengeschmack auf der Zunge sicher für viele ein bis dahin noch unbekanntes Geschmackserlebnis. Der Rosengeschmack sollte ein Gericht wie ein laues Lüftchen begleiten und nicht wie ein Wirbelsturm hervortönen. Man braucht wirklich nur sehr wenig Rosenwasser, um ein Gericht eine Nuance besser, feiner, aromatischer, exotischer schmecken zu lassen.

Fühlbare Rosenformen

Halten Sie doch einmal eine duftende Rosenblüte in den Händen, und nehmen Sie sie in ihrer Form und Beschaffenheit ganz bewusst wahr. Schon nach kurzer Zeit werden Sie fühlen, wie Ihre Empfindungsfähigkeit steigt, wie Sie sensibler werden für das zarte Blütengebilde in Ihrer Hand. Nach kurzer Zeit ertasten Ihre Fingerspitzen jede noch so feine Erhebung am welligen Blütenrand der Rose. Sie fühlen die angenehme Temperatur der Blüten, ihre feine Glätte oder ihre leicht samtige Oberfläche.

Ein ganz anderes Fühlerlebnis vermitteln die Blätter der Rose mit ihrem leicht gezackten Rand und der geäderten Unterseite. Viele Menschen reagieren beinahe erstaunt, wenn sie bei diesem Tastspiel eine hohe Sensibilität bei sich selbst wecken und wahrnehmen können. So wird es möglich, Stengel wie Blätterrand ohne schmerzende Dornenpikser mit den Fingern zu ertasten. Diese Übung weckt die persönliche Feinfühligkeit und auch die Freude, Berührungen mit allen Sinnen wahrzunehmen oder zu vermitteln.

SEXUALITÄT UND SINNLICHKEIT – EINE »SPEZIALITÄT« DER ROSE

Eine »Spezialität« der Rose ist es, die Liebe, Sinnlichkeit und Sexualität zu fördern. Nicht umsonst wird die Königin der Blumen dem »Liebesplaneten« Venus zugeordnet. Ihre erotische Wirkung beschrieb bereits der alexandrinische Held Achilles Tatios (um 139 v. Chr.) mit den Worten: »... Sie ist der Liebe voll, im Dienste der Aphrodite, sie prangt mit duftenden Blättern, wiegt sich mit leichtem Laub und freut sich des lächelnden Zephirs (des sanften Windes).« Die Alchimisten des Mittelalters überzeugten noch mit einigen Fakten: »Sulfur (Schwefel), Merkur (Quecksilber), Sal (Silicium und Aluminium), Blüte, Stengel, Blätter und ihre Wurzeln sind bei dieser Pflanze in vollendeter Harmonie ...«. Und letztendlich wachsen liebevolle Gefühle aus einer inneren Harmonie heraus und erotische Empfindungen dann, wenn die »Wellenlänge« zu einer Person stimmt.

In ihrer aphrodisierenden Wirkung ist die Rose nicht laut und vordergründig, sondern fein harmonisierend und tiefgreifend. Die Rose bringt uns dazu, innezuhalten und uns für die Entspannung und für beglückende Erfahrungen zu öffnen. Wir fühlen eine wundersame Harmonie, denn die Rose berührt unsere innerste Sehnsucht und stillt sie auch. Sie macht uns bereit, auf solche Momente zuzugehen, die die Sehnsucht erfüllen. Die Schwingung der Rose wirkt zuerst auf das Herz und erfüllt es mit Sanftmut, Zärtlichkeit und Liebe. Aus dem Herzen heraus strömen die Gefühle dann durch den Körper und erfüllen auch den Geist. Die Erotik und Leidenschaft, die die Rose in uns weckt, ist nicht geprägt von sexueller Gier, sondern von einfühlsamer, beseelter Hingabe.

Rosen bedeuten Liebe und lichte, erhebende Empfindungen für Körper, Geist und Seele. Diese Dreiheit können Sie durch verschiedene Rosenprodukte und Rosenmeditationen (siehe im gleichnamigen Kapitel) erreichen. So sprechen die liebevoll ausgewählten und arrangierten Rosen in der Vase Ihre Sinne an, und Ihre Augen genießen den Anblick der Blüte. Ihre Nase wird den feinen Rosenduft aus der Aromalampe entzückt »einsaugen«. Der Duft besänftigt die hungrige Seele, und Ihr Geist wird Ihnen Bilder von Genuss und Entspannung, vielleicht von angenehmen Erinnerungen senden. Fühlen Sie mit den Fingerspitzen die zarten, sanft geschwungenen Blüten nach und intensivieren Sie so Ihre Empfindungsfähigkeit. Ein duftender Rosentee verströmt Harmonie und Wärme im ganzen Körper. Die Muskeln lockern sich, und Körper und Sinne lassen sich dann gern von einer Massage, zum Beispiel mit Rosen-Gold-Körperöl (siehe Kapitel »Rosenkosmetik«) verwöhnen.

Rosige Vitalboten

Rosenblüten, Rosenöl und Rosenwasser

Frische Rosenblüten galten schon zu Großmutters Zeiten als wirkungsvolles Schönheitsmittel. Das duftend-entspannende Hauterlebnis ist denkbar einfach anzuwenden. Legen Sie nach der Gesichtsreinigung einfach mehrere einzelne Rosenblütenblätter auf Gesicht, Hals und Dekolleté auf. Damit die Blüten besser haften bleiben, können Sie zuvor ein leichtes (Rosen-)Gel oder eine Maske auftragen. Achten Sie darauf, dass das kosmetische Produkt keinen störenden Eigengeruch besitzt. Die »Rosenmaske« sollte dann etwa 20 bis 30 Minuten wirken. Während dieser Zeit entwickeln die Rosenblüten ihre harmonisierende Wirkung. Die Anspannung löst sich aus den Gesichtszügen, Trockenheits- und Stressfältchen glätten sich, und Gelassenheit und Zufriedenheit verbreiten sich wohltuend. Frische Rosenblüten auf dem Gesicht (trockene Auflage) gelten in der Naturheilkunde übrigens als gutes Mittel gegen Gesichtsrose. Achten Sie darauf, ungespritzte Freilandrosen zu verwenden.

Getrocknete Rosenblüten: Aus getrockneten Blütenblättern (erhältlich in manchen Reformhäusern, Apotheken oder Kräuterdrogerien) kann man einen sehr wohlschmeckenden Tee bereiten. Er fördert zum Beispiel die Blutreinigung, wirkt leicht abführend, mildert Monatsbeschwerden und Kopfschmerzen und stärkt Herz und Nerven. Zu vielen weiteren Indikationen werden Sie in diesem Buch Rosenteerezepte, auch in Kombination mit anderen Blüten/Kräutern und Behandlungsvorschlägen finden. Hier noch ein Tip zur richtigen Zubereitung des Rosentees: »Man nehme so viel Tee für eine Tasse, wie man zwischen drei Fingern fassen kann«, empfiehlt eine historische Maßeinheit zur Teezubereitung. Dies entspricht dem Maß von ein bis zwei Teelöffeln Rosenblüten pro Tasse Wasser (ca. 150 bis 200 Milliliter). Geben Sie den Tee immer zuerst in die Teekanne, und füllen Sie dann mit heißem Wasser auf. Die Ziehzeit des Tees liegt zwischen fünf und zehn Minuten. Gießen Sie die zarten Rosenblüten nicht mit siedendem Wasser auf, ein Teil der empfindlichen Inhaltsstoffe würde sonst verpuffen. Schonender ist es, das Wasser nach dem Kochen einige Minuten abkühlen zu lassen und dann erst aufzugießen.

Ätherisches Rosenöl: Aus handgepflückten Rosenblüten wird das sehr teure ätherische Rosenöl durch Wasserdampfdestillation gewonnen. Um ein Kilogramm reines Rosenöl zu erhalten, benötigt man etwa 2000 bis 3000 Kilogramm frische Rosenblätter. Die Menge variiert je nach Rosensorte und Herkunftsland. Von den ca. 7000 Rosenvarietäten werden nur wenige Sorten für die Gewinnung von Rosenöl angebaut. Als das edelste und teuerste gilt das ätherische Öl der rosa und hellrot blühenden Damaszener-Rose aus Bulgarien und Marokko. In Bulgarien und der Türkei wird außerdem die weiße »Rosa alba« angebaut, in Frankreich, Marokko und Italien die rosa blühende »Rosa centifolia«, und aus Nordafrika stammt das Öl der roten »Rosa gallica«. Echtes ätherisches Rosenöl wird wegen seines hohen Preises grammweise in winzigen Fläschchen verkauft. Aber die Anschaffung lohnt sich. Alles, was Sie aus 100 Prozent reinem ätherischen Rosenöl herstellen, hat dann auch den wunderbaren Rosenduft – und die Wirkung. Ätherisches Rosenöl kann mehr als 230 Inhaltsstoffe aufweisen, wobei etwa 120 Stoffe heute identifiziert werden können.

Die Kosmetikindustrie schätzt vor allen Dingen die hautvitalisierenden und harmonisierenden Eigenschaften des Rosenöls, die besonders müder und zu Fältchen neigender Haut zugute kommen. Von der adstringierenden Wirkung profitiert die großporige und unreine Haut, nervöse und gereizte Zonen klingen aufgrund der beruhigenden Eigenschaften des Rosenöls ab. Auch für die sehr empfindliche Haut kann Rosenöl-Kosmetik gut eingesetzt werden, da es unter den ätherischen Ölen am wenigsten toxisch ist.

Rosenwasser: Bei der Herstellung von Rosenöl wird »nebenbei« das Rosenwasser gewonnen. Wenn nach der Dampfdestillation das Rosenöl vom Wasser abgefiltert wird, bleibt das Rosenwasser zurück. Rosenwasser können Sie auch selbst mit Rosenöl herstellen. Geben Sie dazu einen Tropfen Öl auf ein bis eineinhalb Liter abgekochtes Wasser. Ich verwende dazu kohlensäurefreies Mineralwasser und habe immer eine Flasche Rosen-Mineralwasser im Kühlschrank. Insbesondere, wenn Sie mit dem Rosenwasser bzw. -öl kochen möchten, sollten Sie auf »Lebensmittelqualität« des Produktes achten.

Eine Behandlung mit Rosenwasser ist für die Haut ein ebenso belebendes wie harmonisierendes Erlebnis. Beispielsweise können Sie es nach der Gesichtsreinigung als erfrischend-harmonisierendes Gesichtswasser verwenden. Angenehm an heißen Sommertagen ist das Gefühl von Rosentau auf Gesicht, Hals, Dekolleté und dem ganzen Körper. Mit einem Feinzerstäuber können Sie sich diese Morgenfrische sehr leicht selbst verschaffen. Neben

der angenehmen Erfrischung stärkt Rosenwasser die hauteigene Abwehr, beruhigt nervöse Hautzonen, verfeinert die Poren und hält die Haut elastisch.

HAGEBUTTEN & CO.

Wild- und Heckenrose sind nicht nur eine der schönsten Möglichkeiten, sich und sein Haus gegen neugierige Blicke abzugrenzen. Sie haben außerdem den Vorteil, dass man sich im Herbst meist reichlich mit den »Rosenfrüchten«, den Hagebutten, eindecken und der Gesundheit über den Winter »rosige« Zeiten bescheren kann. Frische Hagebutten werden in ihrem Gehalt an Vitamin C von 1250 Milligramm pro 100 Gramm Früchte nur noch von der Acerolakirsche (1500 Milligramm) übertroffen. Im Vergleich dazu enthalten 100 Gramm Orangen nur 50 Milligramm Vitamin C. Aufgrund des hohen Vitamin C-Gehaltes wirkt sich die Hagebutte sehr positiv auf das Immunsystem aus. Die Anfälligkeit für Erkältungskrankheiten und andere Infektionen wird geringer, auch die Wundheilung und der Blutaufbau werden gefördert. Ebenso ist die Hagebutte reich an haut- und augenstärkendem Provita-

min A, den gefäßwirksamen Stoffen Rutin und Kieselsäure. Diese fördern, zusammen mit Vitamin C, die Regeneration, Festigung und den Zellschutz der Haut. Auch an Mineralstoffen und Spurenelementen hat die Hagebutte einiges zu bieten: vitalisierendes Eisen, nervenstärkendes Magnesium, knochenfestigendes Calcium, entwässerndes Kalium und anregenden Phosphor. Im Verdauungsbereich üben die ätherischen Öle, Schleim- und Gerbstoffe ihren regulierenden und mild anregenden Einfluss aus. Schließlich tragen das enthaltene Vanillin und Spuren von Lecithin in der Hagebutte zur seelischen Ausgeglichenheit bei. Wie vielseitig Sie Hagebutten in den täglichen Speiseplan integrieren können, können Sie im Kapitel »Kochrezepte« entdecken.

Hagebuttenernte: Sobald die Früchte im Herbst gut ausgefärbt sind und langsam anfangen, weich zu werden, können sie geerntet werden. Überreife Früchte sind weniger empfehlenswert, da ihr Vitamin C-Gehalt sich bereits wieder reduziert. Auch bevor die ersten Nachtfröste kommen, sollten die Hagebutten gepflückt sein, denn der Frost würde die Früchte weich und unbrauchbar machen.

Früchte trocknen: Die geernteten Hagebutten mit Wasser gründlich abspülen und mit einem Tuch trockentupfen. Dann die Stengel und die grüne Blütenkrone abschneiden und die Kugeln an einem warmen, sonnigen Platz vortrocknen und später zum völligen Trocknen in den leicht vorgeheizten Backofen schieben. Die Temperatur sollte einem warmen Sommertag entsprechend etwa bei 30 Grad liegen. Zu rasches Trocknen bei großer Hitze vertragen die Früchte nicht, und der Vitamingehalt leidet darunter. Eine feste Stundenregelung, wann die Früchte trocken genug sind, gibt es nicht, aber einen einfachen Test: Wenn die geschrumpften Früchte mit leisem Rascheln durch die Hände gleiten, haben sie den richtigen Trocknungsgrad erreicht. Früchte und Kerne können Sie natürlich auch getrennt voneinander trocknen. Ohne Kerne schmecken die getrockneten Hagebutten zum Beispiel im Müsli, Kuchen, sogar in Soßen.

Kerne trocknen: Die wie beschrieben vorbereiteten Hagebutten werden halbiert und die Kerne und Härchen mit einer runden Messerkuppe herausgeschält. Nach dem Trocknen an einem warmen Platz bzw. im Backofen geben Sie die getrocknete Masse in ein Sieb und schütteln die Kerne zur weiteren Verwendung ab. Die mitgetrockneten Härchen können zum Beispiel für Bastelarbeiten als Füllmaterial genutzt werden.

Verwendung: Ganze und kleingeschnittene, getrocknete Früchte ergeben einen aromatischen Tee, der intensiver im Geschmack ist, als Tee aus den kleinen Kernen der Hagebutten. Pro Tasse einen Teelöffel getrocknete Hagebutten in Wasser aufkochen und zehn Minuten ziehen lassen, danach die Früchte abfiltern. Tee aus Kernen benötigt etwas mehr Zeit. Man weicht die getrockneten Kerne (zwei Teelöffel pro Tasse) einige Zeit in Wasser ein – zum Beispiel am Morgen einen Krug bereitstellen – und kocht während des Tages die gewünschte Menge zehn bis fünfzehn Minuten lang auf. Eine ganze Reihe weiterer Tips finden Sie im Kapitel »Kochrezepte«.

Hagebuttenkernöl: Auch Wildrosenöl genannt, aber nicht zu verwechseln mit dem schon beschriebenen ätherischen Rosenöl, das aus Blüten gewonnen wird. Das aus den Kernen der Hagebutte kaltgepresste Öl ist farb-, geruch- und geschmacklos. In ihm stecken wertvolle Inhaltsstoffe, die wesentlich

zur Hautgesundheit beitragen können. Es enthält die dreifach ungesättigte Gamma-Linolensäure, die die Eigenschaft besitzt, rasch in die Haut einzudringen und den Feuchtigkeitshaushalt der Haut zu stabilisieren. Deshalb kann Hagebuttenkernöl sehr gut bei trockener und ekzematischer Haut eingesetzt werden. Ferner sind Stearin- und Palmitinsäuren enthalten, die wegen ihrer rückfettenden Wirkung ein weiches, glattes Hautbild hinterlassen. Intensiven Hautschutz entfalten die enthaltenen Aminosäuren, Vitamine und Mineralstoffe auf der Haut. Hagebuttenkernöl ist auf Grund seiner feuchtigkeitsregulierenden und ausgleichenden Eigenschaft für alle Hauttypen geeignet, insbesondere für Problemhaut, die mit großer Trockenheit, Schuppung und Rötung auftritt.

Hagebutten in alten Heilbüchern

Pfarrer Kneipp: Er setzte die Hagebutte bei der Neigung zu Grieß- und Steinbildungen im Harnapparat ein. Auch bei entzündlichen Krankheitsprozessen der Nieren, des Nierenbeckens oder der Blase empfahl er Hagebuttentee und lobte dessen blutreinigende und harnfördernde Wirkung. Durch die geförderte Blutreinigung können alle harnsauren Ablagerungen ausgeschieden werden, was auch die Beschwerden bei Gicht- und rheumatischen Erkrankungen mildert.

Volksheilkunde: Sie empfiehlt bei chronischen Blasenleiden dreimal täglich eine Mischung aus je zehn Tropfen Hagebutten-, Wacholder- und Wermut-Tinktur mit etwas Wasser verdünnt einzunehmen.

Homöopathie: Man stellt aus frischen Blütenblättern eine Essenz her und setzt sie gegen Heufieber und Heuschnupfen ein.

Hl. Hildegard von Bingen: Sie schrieb in einem Rezept: »Wenn jemand (sonst) körperlich gesund und nur am Magen oder Darm erkrankt ist, der koche Hagebutten in Wasser und esse sie oft. Es reinigt den Magen und nimmt ihm den Schleim ...«. Allgemein kranken Personen rät die hl. Hildegard eher von Hagebutten ab oder empfiehlt, sie roh püriert zu essen.

Heilkräftige Inhaltsstoffe und ihre Wirkung

Rosen und Hagebutten sind kreative Verwerter der Substanzen, die sie während Wachstum und Reifezeit aus dem Boden aufnehmen. Sie tragen eine Fülle von wertvollen Biostoffen in sich, die innerlich und äußerlich angewandt zur Heilung verschiedenster Beschwerden beitragen können. Die vielfältige Wirkung der Rosenprodukte kann man sich wie ein Puzzle vorstellen. An jedem Ort im Organismus bzw. bei den verschiedensten Beschwerden kommt sowohl ein ganz bestimmter Inhaltsstoff zum Tragen als auch der Verbund in seiner Vollkommenheit. So erklärt sich auch das vielfältige Wirkspektrum der Rose und der Hagebutte.

Ätherische Öle: In Rose und Hagebutte sind eine ganze Reihe ätherischer Stoffe, zum Beispiel Rhodinol, Nerol, Geraniol, Linalool, Citronellol, Eugenol, Farnesol usw enthalten. Die intensiven Duft- und Geschmacksgeber setzen sich wiederum aus einer Vielzahl von Inhaltsstoffen (derzeit sind etwa hundert bekannt) zusammen. Entsprechend breit ist ihr Wirkspektrum – vor allem haben sie im körperlichen Bereich desinfizierende, blutreinigende, entschlackende, verdauungsanregende und das Immunsystem stärkende Eigenschaften. Im psychischen Bereich wirken sie stimmungsaufhellend und nervenberuhigend, aber auch sanft aktivierend, regenerierend, entspannend, wärmend, Geborgenheit vermittelnd.

Aluminium: In Hagebutten vorkommend, fördert es die Sekretion der Schleimhäute, unterstützt die Versorgung der Gefäßsysteme und besitzt allgemein anregende Wirkung.

Apfelsäure: Sorgt für den fruchtigen Geschmack von Rose und Hagebutte. Apfelsäure hat einen regulierenden Einfluss auf den pH-Wert der Haut.

Dextrin: Das wasserlösliche Abbauprodukt der Stärke kommt als hautpflegender Stoff im kosmetischen Bereich zur Wirkung.

Eisen: Spielt eine wichtige Rolle beim Blutauf- und -abbau sowie beim Sauerstofftransport im Körper. Es fördert die Funktion des Immunsystems und regt die allgemeine Lebensenergie an.

Flavonoide: In der heilenden Wirkung von Rose und Hagebutte besitzen die enthaltenen Flavonoide (zum Beispiel das Quercetin) sozusagen die Vermittlerrolle zwischen den einzelnen Biostoffen. Sie fördern und regulieren deren Zusammenspiel, haben einen blutgerinnungs- und entzündungshemmenden, gefäßstärkenden, krampflösenden und leberschützenden Effekt. Derzeit sind etwa zweitausend Flavonoide in der Pflanzenwelt bekannt, wobei fett- und wasserlösliche Flavonoide unterschieden werden.

Gerbstoffe: Besitzen entzündungshemmende, zusammenziehende und beruhigende Wirkung. Sie sind in vielen Anwendungsbereichen einzusetzen, so bei Wunden, Schürfungen, Hautentzündungen, Schleimhautreizungen und wirken sich bei Durchfall und Darmkatarrhen positiv aus.

Invertzucker: Das Gemisch aus Traubenzucker und Fruchtzucker wird vom Körper leicht aufgenommen, besitzt hohe Süßkraft und liefert rasch Energie. Eine weitere Zuckerart ist das Pentosan in Hagebutten.

Kieselsäure: (Silicium) Besitzt festigenden, elastizitätsfördernden Einfluss auf das menschliche Bindegewebe, auf Haut, Sehnen, Muskeln und Knochen. Krankheits-, alters- oder verschleißbedingte Beschwerden können von diesem Hagebutten-Biostoff positiv beeinflusst werden.

Lecithin: Unterstützt sowohl die Harmonisierung nervöser innerer Zustände als auch die kosmetische Pflege beanspruchter und nervöser Haut.

Vanillin: Hat beruhigenden, reizlindernden Einfluss auf Haut und Nerven. Sein warmer, süßer Duft vermittelt Geborgenheit, Wärme und Harmonie.

Vitamin C: Nicht umsonst wird dieser Biostoff als Fitness-Vitamin bezeichnet. Es hat antioxidative Wirkung, d.h. es schützt vor schädlichen Einflüssen und Giften aus der Umwelt und der Nahrung. Es regt die Bildung und die Funktion des Bindegewebes an, aktiviert den Zellstoffwechsel, fördert die Eisenaufnahme und ist an der Wundheilung von Haut und Körpergewebe sowie an der Gesunderhaltung des Zahnfleisches beteiligt.

Extratip: Süsses Plus im Tee

Durch die in den Rosenblüten enthaltenen Zuckerstoffe hat der Tee bereits eine leichte natürliche Süße. Wenn Sie dennoch ein »süßes Plus« im Tee lieben, greifen Sie zu braunem Rohrzucker oder kaltgeschleudertem Honig. Beide enthalten wesentlich mehr Vitamine und Mineralstoffe als weißer Zucker. Man gibt den Honig erst nach einer kurzen Abkühlphase in den Tee, da Hitze einen Großteil seiner Inhaltsstoffe zerstört. Eine weitere Alternative ist Stevia-Kraut, eine intensiv süße Teepflanze aus Brasilien. Geben Sie dem Rosentee eine Fingerspitze Stevia-Kraut bei, und gießen Sie sie zusammen auf. Ein kleiner Nachteil ist, dass Stevia-Kraut einen leichten, wenn auch angenehmen, Eigengeschmack besitzt. Testen Sie einfach einmal, ob Sie es mögen. Abhilfe schaffen ferner natürliche Aromen, die den Tee mit ihrer individuellen Geschmacksnote ergänzen und ihm eine gewisse süße Nuance verleihen, wie Vanille und Zimt.

ROSENESSENZEN – FEINSTOFFLICHE HEILERINNEN

Mit den Rosenessenzen betreten wir nun die feinstoffliche Ebene. Man kann sie in ihrer Wirkung mit homöopathischen Mitteln oder Bachblüten vergleichen. Ähnlich wie Bachblüten werden echte Rosenessenzen auch bei der therapeutischen Behandlung von körperlichen wie seelischen Symptomen eingesetzt. Sie werden tropfenweise mit Wasser eingenommen, möglich ist auch, sie der Kosmetik beizumischen. Es handelt sich dabei nicht um ein Medikament im klassischen Sinn, sondern um ein harmonisierendes Mittel. Rosenessenzen können hilfreich sein, wenn man die Ursachen einer Erkrankung bzw. eines Unwohlseins erkennen und bearbeiten möchte. Die Essenzen ersetzen im Krankheitsfall natürlich nicht den Arzt. Sie können eine Behandlung durch ihre persönlichkeitsstärkende Wirkung aber gut ergänzen. Es gibt verschiedene Rosenessenzen, wobei jede eine spezielle Wirkweise besitzt:

Japanische Rose (Rosa roxbourghi): Diese Essenz eignet sich für Menschen, die sich nach Liebe sehnen, denen ihre eigenen hohen Ansprüche, ihre Unduldsamkeit und ihre Unfähigkeit zu vertrauen aber bei der Erfüllung

des Wunsches im Wege stehen. Die Essenz der japanischen Rose hilft, diese Gefühlsblockaden zu überwinden. Sie unterstützt die Bereitschaft Liebe als Geschenk annehmen zu können und Hoffnung und Liebe im Leben zu entwickeln.

Zimtrose (Rosa majalis): Mit dieser Essenz findet man wieder zu neuer Hoffnung, zum Beispiel nach Trennungs- und Trauerphasen oder in allen Lebenssituationen, in denen man selbst keinen Ausweg mehr sehen kann. Die Essenz der Zimtrose unterstützt den Prozess, aus einem Lebenstief herauszufinden und emotionale Wunden zu heilen. Sie weckt die innere Stärke und fördert den Optimismus und Lebensmut.

Frühlingsgold (Rosa spinosissima): Diese Rosenessenz wirkt auf den Solarplexus, stärkt das Selbstbewusstsein und schafft eine Verbindung zum Herzzentrum. Man lernt, sich selbst zu akzeptieren, Warmherzigkeit zu entwickeln und mit großer geistiger Klarheit zu handeln.

Wildrosen-Hybride (Rosa pruhoniciana): Kann eingesetzt werden, wenn man vielen verschiedenen Energien und Einflüssen ausgesetzt ist. Mit dieser Essenz wird die persönliche Standhaftigkeit gestärkt und die innere Kraft zur Erkenntnis, was gut für mich ist, gefördert. Aus dieser persönlichen Stärke heraus kann sich neue Liebe zum Leben und Sein entwickeln.

Apfelrosenhybride «Sarah von Fleet« (Rosa rugosa): Mit dieser Essenz öffnet sich das Herzzentrum und lässt Liebe tiefer erfahren. Man lernt, Liebe zu geben, ohne eine Erwartung daran zu knüpfen. Diese Essenz ist auch gut, um die kindliche reine Herzensfreude (wieder) zu entdecken.

Apfelrosenhybride «Souvenir de Philemon Cochet« (Rosa rugosa): Allumfassende geistige Liebe vermittelt diese Essenz und schafft eine Verbindung zwischen Körper, Geist und Seele. Sie eignet sich, wenn das liebevolle Wesen eines Menschen bis jetzt unter einem «coolen« Mantel versteckt wurde und nun zu Tage treten darf.

Tibetanische Bergrose (Rosa moyesii): Lernen, sich selbst anzunehmen und zu lieben, wie man ist – mit dieser Essenz wird diese Entwicklung erleichtert. Sie hilft, unser Selbstvertrauen zu fördern und zu pflegen, und daraus wachsen Lebensfreude und Lebensgenuss.

Grüne Rose (Rosa chinensis viridiflora): Diese Rosenessenz vermittelt befreiende Energie, wenn man sich eingeengt und unter Druck fühlt. Sie hilft, mehr Gelassenheit und Ruhe zu entwickeln, wirkt befreiend auf das Herz und vermittelt Weite und Ruhe in der Herzgegend.

Königin von Dänemark (Rosa alba): Bei emotionalen Verletzungen und Enttäuschungen kann diese Rosenessenz helfen. Sie unterstützt den Prozess, sich von den schmerzhaften Erfahrungen zu lösen, so dass wieder neue Freude und Positivität unser Leben bereichern kann.

Rosenparfum – der kleine Hauch von Luxus

Von der feinstofflichen Ebene machen wir nun einen Ausflug in die sinnliche Wahrnehmungswelt – eines der Spezialgebiete der Rose. Keine Rosensorte riecht wie die andere und Tausende von Duftfacetten können Empfindungen von heiter-beschwingt bis zu süßer Schwere wecken. Zurückzuführen ist das auf die Vielzahl und mengenmäßig unterschiedlich enthaltenen Duftstoffe (ätherische Öle) in Rosen, die ganz bestimmte Duftmerkmale aufweisen. Einige Beispiele: Wichtig für den Gesamtgeruchskomplex der Rose ist das Rosenoxid (C_{10} $H_{18}O$), ein krautig-würzig riechendes Öl. Das Rosenfuran ($C_{10}H_{14}O$) mit seinem typisch rosigen Duft ist die geruchsbestimmende Komponente des bulgarischen Rosenöls. Rhodinol ($C_{10}H_{20}O$) ist ebenfalls ein stark nach Rosen duftendes Öl, während Linalool ($C_{10}H_{18}O$) und Farnesol ($C_{15}H_{26}O$) in ihrem Duft eher an Maiglöckchen erinnern. Eugenol (C_{10}-$H_{12}O_2$) mischt noch mit einem Nelkenduft mit, während Phenyl eine mild-blumige bis honigartige Duftvariante darstellt. Und wenn Sie mal an einer zitronenfrisch duftenden Rose schnuppern, trägt diese besonders viel Citronellol ($C_{10}H_{20}O$) in ihrem Blütengewebe.

Abgesehen von den »einfachen« Rosendüften der Antike, begann die Zeit der Rosenparfums mit einem Parfumrezept aus dem Jahr 1777. Dort wurde die Rose als Duftbaustein eines Chyprerezeptes von Déjean erwähnt.

Mit den Düften der Antike dürfte bereits dieser, zu den frühesten aufgezeichneten Parfumrezepten gehörende Duft, nicht zu vergleichen sein. Schon gar nicht mit unseren heutigen Düften. Heute ist die Parfumherstellung und -einteilung eine Wissenschaft für sich. In »Genealogien« wird der Aufbau und die Einteilung eines Duftes – ähnlich wie bei einer Schauspielgruppe – deutlich gemacht. Jeder Schauspieler übernimmt seine Rolle, und einer unter den sechzig, siebzig, bis zu hunderten von Akteuren ist die Rose. Bei manchen Parfums ist sie sogar der »Hauptdarsteller«.

»Duftes« Rosenschauspiel

In seinem grundsätzlichen Aufbau besteht ein Parfum aus einer Kopf,- Herz- und Basisnote. Jede der drei Noten tritt in einem zeitlichen Geruchsverlauf hervor. Dies ist mit einem Schauspiel zu vergleichen, bei dem es auf den zeitgenauen Einsatz jedes einzelnen Mitspielers ankommt. Beim Parfum ist die Kopfnote der erste Eindruck (zum Beispiel frisch, fruchtig, blumig, süß etc.), den man von einem Duft gewinnt. Wenn die Kopfnote eines Parfums verflogen ist, verbleibt die Herznote auf der Haut. Ihr Dufteindruck ist vorwiegend blumig, holzig oder würzig. Die Basisnote ist die letzte Phase. Sie enthält lang haftende Duftbestandteile, zum Beispiel Hölzer, Harzextrakte und/oder animalische Substanzen. Der Rosenbaustein findet sich meist in der Herznote, in manchen Parfums in der Kopfnote.

So wie ein Schauspiel eine Komödie oder eine Tragödie darstellt, kann ein Rosenduft in seiner grundsätzlichen Art frisch oder sinnlich sein oder einen anderen Geruchseindruck hinterlassen. Dies hängt davon ab, auf welchem Konzept der Duft beruht bzw. welcher »Duftfamilie« er angehört.

Bei den Damendüften unterscheidet man drei grundsätzliche Duftfamilien.

Blumig: Einzelne oder ein Bouquet an mehreren Blütennoten (zum Beispiel die der Rose) bestimmt diese Duftrichtung. Bei mehr als der Hälfte der Markenparfums überwiegt heute die blumige Betonung.

Orientalisch: Schwere, süße Düfte, die Harze und animalische Duftstoffe enthalten. Diese Duftfamilie hat die älteste Tradition.

Chypre: Warme, sinnliche Parfums mit einer Eau de Cologne-artigen Kopfnote und Bestandteilen wie Patchouli, Labdanum und Eichenmoos.

Bei den Herrendüften unterscheidet man fünf Duftfamilien:

Lavendel: Auf Lavendel basierendes reines Duftkonzept, das sich durch dominierende Frische auszeichnet.

Fougère: Lavendelnoten, moosige Bestandteile und Cumarin sind die hauptsächlichen Bestandteile dieser Duftfamilie.

Orientalisch: Duftrichtung, die sich heute auch auf dem Herrenparfummarkt behauptet und schwere, süße, animalische, harzige oder holzige Bausteine enthält.

Chypre: Warme, sinnliche Parfums mit einer Eau de Cologne-artigen frischen Kopfnote und Bestandteilen wie Patchouli, Labdanum und Eichenmoos.

Citrus: Zu den ältesten Kreationen der Herrenparfums gehörend, besticht diese Duftfamilie mit ihrem erfrischenden, kühlenden Dufteindruck.

»Dufte« i-Tüpfelchen

Die facettenreiche Welt des Duftes tut sich aber noch weiter auf, denn jede dieser Duftfamilien kann noch ein i-Tüpfelchen aufgesetzt bekommen und eine besondere Charakteristik einnehmen – so wie ein Schauspielstück tragisch und komisch, eine Tragikomödie, sein kann. Einige Beispiele:

Moosig: Besonders in Parfums der Chypre-Familie werden moosige Ingredienzen eingebaut. Sie verleihen dem Duft Fülle und Tiefe.

Pudrig: Nach dem Verfliegen der frischen oder blumigen Noten bleibt bei vielen Parfums ein pudriger Duft auf der Haut. Er entsteht durch das Zusammenwirken von süßen, moosigen und holzigen Elementen.

Sinnlich: Bei sinnlichen Parfums wird ein hoher Anteil von animalischen Lockstoffen eingearbeitet, zum Beispiel Zibet, Ambra, Moschus etc. Diese Düfte erzeugen angenehme Empfindungen.

Tabak: Die Familie der Tabak-Noten umfasst hauptsächlich maskuline Düfte. Bei der Aromatisierung des Tabaks entstehen Nebengerüche, zum Beispiel Honig- oder Pflaumenduft, die ebenfalls bei der Parfumherstellung verwendet werden.

Würzig: Das ätherische Öl vieler bekannter Gewürze dient auch zur Parfumherstellung, zum Beispiel findet man würziges Basilikumöl in Chyprenoten oder Zimtöl in orientalischen Parfums.

GESCHICHTEN AUS DEM PARFUMFLAKON

Die Rose als »Aushängeschild« eines Duftes vermittelt bereits ohne viele Worte ein angenehmes Lebensgefühl von Luxus, Harmonie, Sinnlichkeit, Liebe und Erotik. Zu keiner Zeit hat dies seine Wirkung verfehlt. Jedes Parfum hat seine eigene kleine oder große Geschichte, aber sobald die Rose mit im Spiel ist, scheint der Duft immer umgeben von einer ganz besonderen Aura. Ich möchte Sie nun einladen, mit mir einige »dufte« Bühnenstücke aus dem Land der Parfumeure zu betrachten.

Am Anfang einer Kreation stehen immer die Fragen: Wen soll dieser Duft ansprechen? Welches Lebensgefühl, welche Stimmung soll er ausstrahlen und vermitteln? Nehmen wir beispielsweise den Duft von Nina Ricci »Love in Paris«, der gewissermaßen die Magie der Stadt Paris in einem Flakon bündeln möchte. Der Duft möchte das Strahlende in einer Frau wecken, sie soll erblühen, verzaubert sein und damit bezaubernd wirken. Wie die Stadt Paris und wie das Parfum soll die Frau Märchen und Dynamik zugleich in sich tragen. Blumig und romantisch, aber auch frisch und glitzernd mutet der Duft an. In der Kopfnote spielen Rosen und Pfingstrosen die Hauptrolle, unterstützt von der strahlenden Frische der Bergamotte, vom samtigen Duft der Aprikose und dem süßen des Jasmin. Dann kommen die subtilen, holzigen und vanillehaltigen Moschusnoten zum Tragen und sorgen für einen feinen, weichen und femininen Nachklang des Duftes.

Der Duft »Chic« von Carolina Herrera ist in seinem Wesen ein holzig-blumiger und sinnlicher Duft. Geschaffen ist er für die Frau, die die Impression liebt und die Veränderung braucht. Ein Duft für eine Frau, die den Moment so lebt, wie sie ihn leben möchte. Frisch und rein im Angeruch, vermitteln bulgarische Rose und rote Freesie einen klaren und transparenten Duftein-

Foto: Yves Saint Laurent

druck. Lebhaft und beschwingt mischen sich Mandarinen- und Orangenblüten sowie Pfeffer in dieses Duftspiel hinein. Sandelholz, Vanille, Moschus und indische Zwiebelknolle bilden den warmen, sinnlichen Untergrund dieses Duftes.

Und noch einmal ist es Paris, die Stadt des Duftes und der Liebe, die zur Kreation eines Parfums inspirierte – zu »Paris Premières Roses« von Yves Saint Laurent. Es ist ein Duft für die Frau, die ihre Weiblichkeit, Romantik und Poesie liebt. Ein Duft, wie ein fröhliches Frühlingsfest in einer Stadt, die der Liebe gewidmet ist. Premières Roses symbolisiert ein Aufblühen, eine neue Interpretation des Frühlings, der in einem Flakon eingefangen wurde. Bei diesem Parfum spielt zunächst die Alba Rose (die erste Rose im Frühling) die Hauptrolle. Ihr zarter, frühlingsfrischer Duft vereint sich in der Kopfnote mit Veilchen und Orangenblüten. Die Centifolia Rose mit ihrem tiefen rosentypischen Duft wird in der Herznote von Maiglöckchen, Birkenblättern und Jasmin umrahmt. Schließlich betonen Sandelholz und Moschus die zarte Süße der Blumen und verlängern ihre Aura. Aus der Vielzahl der interessanten rosigen Düfte konnte hier natürlich nur eine kleine Anzahl beschrieben werden. Aber vielleicht haben Sie ja Lust auf eine persönliche Rosenparfum-Entdeckungsreise bekommen ...

Rosenholz – der exotische Namensvetter

Rosenholz wird aus exotischen Hölzern und nicht aus Rosengehölz gewonnen, so aus dem »Aniba reseadora-Baum, einem Lorbeergewächs und dem »Amyris balsamifera«, einem Rautengewächs. Den Hölzern eigen ist ein typischer Rosenduft und eine rosenrote Färbung der Holzfasern, weshalb man ihnen den Namen »Rosenholz« verlieh. Rosenholzöl besitzt eine sehr komplexe Wirkweise, die sich gut mit der des Rosenöls ergänzt, weshalb ich es hier vorstelle. Im körperlichen Bereich wirkt Rosenholzöl entspannend und schmerzmildernd, zum Beispiel bei Rheuma, Gicht, Arthrose oder auch bei Muskelkater. Die Haut liebt Rosenholzöl, da es ausgleichend auf alle übermäßigen Hautfunktionen und anregend auf die Zellerneuerung wirkt. Sein rosig-würziger Duft hat etwas minzenartig Frisches an sich. Er vermittelt sowohl sanfte Entspannung als auch geistige Öffnung und Erfrischung. Schon zu frühen Zeiten galt Rosenholzöl als Erwecker von Besonnenheit, von schöngeistigen Kräften, von innerer Ausdehnung und Bewusstseinsöffnung. Das möchten Sie gerne einmal selbst erleben? Geben Sie bei geistiger Abgespanntheit ein paar Tropfen Rosenholzöl in die Aromalampe, und Sie werden sich rasch wieder fit und konzentriert fühlen.

»Rosensteine« – Verwandte aus dem Mineralreich

Mit der Rosenpflanze haben die hier beschriebenen »Rosensteine« im Grunde nur die Namensähnlichkeit gemeinsam. Dennoch kamen mir Rosenquarz, Rhodochrosit und Rhodonit, nachdem ich lange und intensiv mit ihnen gearbeitet habe, immer wie »versteinerte Rosen« vor. So, als ob sie die Essenz der Rosen in versteinerter Form in sich trügen. Ihrer »Namenspatin« machen die Edelsteine Rosenquarz, Rhodochrosit und Rhodonit alle Ehre, wie Sie noch feststellen werden. Liebe, Harmonie und Zärtlichkeit heißt ihre wesentliche Botschaft an uns Menschen, die wir täglich nutzen können. Außer dem Tragen als Schmuck oder als Trommelstein in der Jackentasche gibt es verschiedene Möglichkeiten, wie Sie die Energie der Rosensteine spüren können. Sie können sie während der Rosenmeditationen (siehe im dortigen Kapitel) in der Hand halten, auf das Herz oder auf das dritte Auge legen oder einfach auf eine Stelle, auf der Sie den Stein intuitiv spüren möchten. Die Erfahrungen und Erkenntnisse der Meditationen werden so vertieft wahrgenommen. Sie fühlen eine Bereicherung in Ihren seelischen und körperlichen Empfindungen um das Gefühl der Liebe und Geborgenheit. Sehr entspannend wirken sich »Edelsteinmasken« auf die Gesichtshaut, auf Hals und De-

kolleté aus. Jeder der drei Steine besitzt eine individuelle Wirkung auf verschiedene Hautprobleme und Hauterscheinungen, und Sie können sie gezielt dafür einsetzen. Eine besonders schöne Möglichkeit, sich in die Energie von Rosensteinen und Rosen einzuhüllen ist Rosen-Edelsteinkosmetik. Dazu finden Sie im Kapitel »Rosenkosmetik« einige Kosmetikrezepte. Bei den folgenden Steinbeschreibungen erfahren Sie, welche Wirkungen jeder Stein besitzt und wann Sie ihn einsetzen können.

Rosenquarz, Rhodochrosit und Rhodonit

Der Rosenquarz ist ein Silicium-Dioxid mit Spuren von Calcium, Magnesium und vor allem Mangan. Dieses Spurenelement gibt dem Quarz seine typische rosa Farbe, die an die hell bis intensiv vorkommenden Rosétöne der Rosenpflanzen erinnert. Aufgrund der Farbähnlichkeit hat diese Quarzart auch ihren Namen bekommen. An der Elementeverbindung des Rosenquarzes kann man bereits einiges »ablesen«. Silicium vermittelt festigende Schwingungen, und der Sauerstoff dieser Verbindung lässt auf die reinigende Kraft des Steines schließen. Mit Mangan kommt Schöpferkraft ins Spiel, Calcium sorgt für Kraft und Stärke und das herzwirksame Magnesium für Regeneration und neue Vitalität. So können sich mit diesem Stein auf der Basis der ganzheitlichen Reinigung Vitalität, innere Sicherheit und Stabilität entwickeln.

Wie die Rosen macht der Rosenquarz das Herz weit, lässt eigene Gefühle bewusst werden und mehr Toleranz im Umgang mit anderen Menschen entwickeln. Er vermittelt Entspannung, liebevolle Gefühle und Zuneigung. Enttäuschungen, Ängste, Neid, Starrheit, bedrückende Lebensumstände, die sich im Herzen festgesetzt haben und oft sogar zu körperlichen Schmerzen führen können, löst dieser Stein sanft auf. Der Rosenquarz ist auch ein gutes Mittel gegen »Ellenbogenmanier«, Habsucht und Ungeduld. Mit ihm verfeinert sich die Persönlichkeit, was in einem zurückhaltenderen Auftreten, in mehr Verständnis und Toleranz für andere zum Ausdruck kommt.

Rosenquarz-Motivationsformel: »Ich lasse die Liebe in mich strömen und betrachte mit liebevollen Gedanken, wie sie sich ausbreitet und auch allen anderen wohltut.«

Machen Sie sich diese Affirmation mehrmals täglich bewusst, in dem Sie sie laut oder leise vor sich hinsprechen, zum Beispiel mit dem Stein in der Hand. So können die positiven Impulse rascher ins Bewusstsein und Unterbewusstsein sinken und wirkliche Veränderungen der Persönlichkeit bewirken.

Raumreiniger Rosenquarz

In allen Fällen energetisch belasteter Räume und Situationen kann der Rosenquarz wertvolle Hilfe leisten, um den Raum von den energetischen Spuren, zum Beispiel von Wut, Hass, Neid, Trauer, Beeinflussung etc. zu befreien. Der Ausdruck, dass ein »Streit in der Luft« hängt, ist gar nicht so abwegig. Das können nadelspitze Bemerkungen des Partners, der Kollegen etc. sein, das kann die »dicke Luft« sein, die einem den Atem abschnürt. Dann kann es schon eine Erleichterung sein, wenn das »Gewitter« schließlich losgeht, und alles von der Seele geredet wird. Was bleibt, ist die Schwingung des Streites, die noch tagelang oder, je nach Ausgang, noch viel länger belastend im Raum hängen kann. Sehr empfindsame Menschen spüren die Streitschwingung als bedrückendes Gefühl, als Unwohlsein, manchmal treten Kopfschmerzen oder Übelkeit, Antriebsschwäche oder das Gefühl, als hätte man Watte im Kopf, auf. Auch robustere Menschen spüren negative Schwingungen, wenn man es einmal hinterfragt und sie ehrlich zu sich selbst sind. Zumindest atmen sie auf oder beschreiben ein »freieres Gefühl«, wenn sie den negativen Raum verlassen. Die reinigende Kraft des Rosenquarzes kann zu verschiedenen Zeiten wirksam werden. Vor einem Streit kann seine Schwingung die Beteiligten besänftigen und eine weniger heftige, verletzende Auseinandersetzung bewirken. Nach dem Streit wirkt der Rosenquarz wie ein Katalysator. Er nimmt die negative Schwingung des Raumes auf, transformiert sie und gibt sie als bereinigte Energie wieder an uns ab. Sie können Rosenquarze als Raumharmonisierer natürlich auch immer in ihren Räumen um sich haben. Dazu verteilen Sie mehrere Rosenquarze – Rohlinge, Trommelsteine oder auch geschliffene Rosenquarz-Herzen im Raum. Mehr Harmonie, Zufriedenheit und Geborgenheit werden dann um Sie sein – eine Wirkung, die Sie mit einem schönen Strauß Rosen energetisch wie optisch ergänzen können.

Rosenquarz und Hightech-Umwelt

Abgesehen von den beschriebenen menschlichen negativen Schwingungen, beeinflusst uns auch ein immer dichter werdendes Netz an Strahlen. Kaum noch eine Arbeit und ein Haushalt ohne Computer. Fernseher, Radio, Mikrowelle und viele andere elektrische Errungenschaften begleiten als Selbstverständlichkeit unser Leben. Erdstrahlen, Wasseradern und andere energetische Schwingungen hinterlassen zudem ihre Spuren, die sich in körperlichen wie seelischen Problemen zum Ausdruck bringen können. Auch hier können Sie Rosenquarze einsetzen. Legen Sie einen Rosenquarz auf Ihren Computer und/oder in das Umfeld anderer elektrischer Geräte. Mit Hilfe der beschriebenen »Katalysator«-Wirkung des Steines können Sie sich so vor den Strahlen der Geräte schützen. Um Erdstrahlen oder Störfrequenzen von Wasseradern zu harmonisieren oder Einschlafprobleme zu bessern, legen Sie einige Rosenquarze vertikal aufgereiht unter oder neben Ihr Bett, und zwar in der Höhe, wo Sie mit der Wirbelsäule im Bett aufliegen. Die Edelsteine fördern die Entspannung der Muskeln und erleichtern das Lösen vom Tagesgeschehen. Meine Rückenprobleme haben sich zum Beispiel auf diese Art »nebenbei« gebessert.

ROSENQUARZ UND ROSENKOSMETIK

Der Rosenquarz fördert die Jugendlichkeit der Haut, lässt sie rosiger und glatter wirken. Dieser Stein ist ein guter Tagesschutz. Die Haut wird in ihrer Barrierewirkung gegen negative äußere Einflüsse gestärkt, und diese können leichter abgewehrt werden. Trockene Luft und belastende Umweltbedingungen durch toxische Abgase etc. kann die Haut besser verkraften, wodurch auch die Spuren dieser Einflüsse deutlich gemildert werden. Trockenheitsfältchen, Schürfungen, Prellungen, leichte Verbrennungen und Schwellungen regenerieren mit dem Rosenquarz besser. Wegen seiner sanften Schwingungen können Sie ihn auch zur Babypflege verwenden. Legen Sie dazu einen gereinigten und aufgeladenen Stein in die Babycreme.

RHODOCHROSIT

Im Namen dieses Steines steckt die griechische Bezeichnung für Rose = rhodon und hinter dem Wortgefüge »chrosit« verbirgt sich die »Rosette« sowie ein Hinweis auf die rosa Farbe (»rosit«). Weitere Steinnamen wie Himbeerspat, Inkarose und Rosinca lassen ebenfalls auf diese Zusammenhänge schließen. Wichtigstes und wunderschönes Erkennungsmerkmal dieses Steines ist seine weiße oder weißrosa rosettenförmige Bänderung, die an Rosenblüten erinnert. Sehr selten kommt er durchsichtig in Himbeerrosa vor. In zarten Apricottönen schimmert der sogenannte Honig-Rhodochrosit und vermittelt wie lachsfarbene Rosen freudige und kommunikative Impulse in der Liebe. Der Rhodochrosit ist ein Mangan-Carbonat mit Spuren von Eisen, Calcium und Magnesium, manchmal auch Silber-, Gold- und Schwefelspuren. Die Elementeverbindung dieses Steines vermittelt die Botschaft von Schöpferkraft, Nerven- und Muskelbalance. Mit dem Rhodochrosit bekommt alles eine Struktur, wozu das Element Kohlenstoff beiträgt. Dieser Stein öffnet das Herz und lässt Gefühle aufblühen – nicht nur für Menschen, Tiere oder Natur, sondern auch für persönliche Ziele, zum Beispiel im Beruf etc. Mit ihm kann man Pläne liebevoll hegen und pflegen und sich an ihrem Wachstum freuen. In der Edelsteinkunde gilt der Rhodochrosit als Glücksstein für alle schöpferisch tätigen Menschen. Die schwungvolle Form der Rosetten in diesem Stein besitzt eine eigene Symbolik. Sie wirkt auf die innere Fröhlichkeit und fördert die persönliche Stärke zum Durchhalten in einer mühevollen Situation. Geweckt werden Kreativität, Mut und Freude etwas Neues zu beginnen, und auch das Selbstvertrauen, ein Vorhaben wirklich zu bewältigen. In Trauersituationen spendet der Rhodochrosit liebevollen Trost. Wie ein Strauß Rosen erinnert er daran, dass das Leben auch wieder schöne Seiten haben wird. In der Meditation können Sie sich mit dem Rhodochrosit auf eine höhere Empfindungsebene der Liebe einschwingen. Das kann sehr wohltuend und beruhigend sein bei langen Trennungen oder großen Entfernungen zwischen zwei Partnern. Überhaupt unterstützt dieser Stein alle geistigen Prozesse in einer Liebesbeziehung, zum Beispiel, wenn man die körperliche Liebe auf einer höheren Geistesebene mit Tantra-Praktiken erleben möchte.

Auch eine platonische Partnerschaft wird durch liebevolle Schwingungen bereichert, die es ermöglichen, Empfindungen und Gefühle einfühlsam auszudrücken.

RHODOCHROSIT UND ROSENKOSMETIK

Eine Hautbehandlung wird durch diesen Stein besonders gut aufgenommen, da er zu mehr Offenheit verhilft und Berührungsängste mildert. Legen Sie dazu mehrere Rhodochrosite für etwa 20-30 Minuten auf die gereinigte Gesichtshaut, auf Hals und Dekolleté (zum Beispiel während der Meditation). Entspannte und feiner wirkende Gesichtszüge sind das Resultat dieser Edelsteinmaske. Da alle Gesichtsmuskeln jetzt locker und spannungsfrei

sind, profitiert die Haut in diesem Zustand am besten von einer Gesichtsmassage. Sanfte, kreisende Bewegungen mit leichten ausstreichenden Griffen fördern zusätzlich die Regeneration der Haut. Anschließend können Sie eine leichte Rosen-Edelsteincreme auftragen, und diese pflegende Verbindung von Rose und Rhodochrosit weiter genießen.

Rhodochrosit-Motivationsformel: »Ich spüre das Licht in mir und schwinge auf einer Welle der Liebe.«

Sprechen Sie diese Steinbotschaft täglich mehrmals laut oder leise, und fühlen Sie dem Gehalt der Worte nach. Schon nach kurzer Zeit kann diese Bewusstseinsübung Ihre Gefühle intensiv anheben und das Leben in jeder Beziehung genussreicher machen.

RHODONIT

Zurückzuführen ist der Name des Steins auf das griechische »rhodon« für Rose und »nuit« = frz. schwarz. Die typische Farbe des Rhodonits ist rosa mit schwarzen fleckenartigen Einschlüssen. Dieser Stein ist ein Mangan-Silikat und trägt als Elementeverbindung eine energetische Wirkung auf Kreativität, Nerven- und Muskelkraft (Mangan) in sich, ebenso die Schwingung von Elastizität und Anregung (Silicium und Sauerstoff). Dieser Einfluss wird noch ergänzt durch die Spuren von knochen- und gewebestärkendem Calcium und blutaufbauendem, aktivierendem Eisen. Der Rhodonit ist ein guter Begleiter, wenn es darum geht, seinen Selbstwert zu erkennen und sich aus Abhängigkeiten zu befreien. In gewissem Sinn ist er mit der »stolzen Rose« zu vergleichen, die unbeirrt und mit natürlicher Autorität fühlt und handelt. Bei Menschen, die dazu neigen, sich selbst für andere aufzugeben, weckt der Rhodonit einen gesunden Egoismus und lässt das richtige Maß zwischen Belastung und Entspannung finden. Er fördert die Entscheidungsfähigkeit und trägt zur Lösung von Konflikten im Gefühlsbereich bei. Die innere Gelassenheit wächst mit diesem Stein, ebenso Mut und Optimismus, mit schwierigen Situationen fertig zu werden. Auch der Rhodonit verströmt seine energetisie-

rende Wirkung in Räumen. Dekorieren Sie einen als Kugel, Pyramide oder als Ei geschliffenen Stein mit dunklen oder gelben Rosen auf dem Schreibtisch bzw. an allen Orten, wo Entscheidungen, Mut und Erfolg gefragt sind.

RHODONIT UND ROSENKOSMETIK

Der Rhodonit bringt die Haut ins Gleichgewicht zurück. Sie können ihn einsetzen, wenn die Haut durch zu viel, zu wenig oder zu unterschiedliche Produkte mit Rötungen, Schwellungen, Flecken, Trockenheit etc. reagiert. Sehr harmonisierend wirkt in diesem Fall eine Rhodonit-Maske, wozu Sie einige Steine auf die betreffenden Hautstellen auflegen. Lassen Sie die Steine aufliegen, bis sie heiß werden, und tragen Sie anschließend ein kühlendes Hautgel auf (Anregungen im Kapitel »Rosenkosmetik«).

Rhodonit-Motivationsformel: »Ich spüre meine positive innere Kraft, lasse sie wachsen und handle mit liebevoller Stärke.«

Wenn Sie mit vielen Menschen zu tun haben, sollten Sie diesen Satz mehrmals täglich bewusst laut oder in Gedanken aussprechen. Unterstützend wirkt es, wenn Sie dabei einen Rhodonit betrachten.

EDELSTEINE REINIGEN UND AUFLADEN

Rosenquarz, Rhodochrosit und Rhodonit vermitteln uns und unserem Umfeld sehr viel Energie. Da wundert es nicht, dass auch Steine neue Kraft (ca. einmal pro Woche) »tanken« müssen. Besonders wenn ein Stein starker Negativität, zum Beispiel durch seelisch-körperliche Belastungen, durch elektrische Schwingungen, Erdstrahlen usw. ausgesetzt war, sollten Sie ihn gleich reinigen. Halten Sie ihn einige Zeit zum Entladen unter fließendes kaltes Wasser. Auch Regen hat eine große reinigende Wirkung auf Steine. Es kann vorkommen, dass man einen Stein sehr schnell entladen möchte, wie das nach Schocksitutationen angebracht ist. Visualisieren Sie dann einen Wasserfall, unter den Sie den Stein in Gedanken halten. Nach jeder Reinigung sollte der Stein einige Stunden ins Freie gelegt werden, wo er neue Energie durch Sonne, Mond und Sterne (zum Beispiel über Nacht) aufnehmen kann. Eine lange und direkte Sonnenbestrahlung mögen allerdings alle drei genannten Steine nicht. Milde Spätnachmittagssonne oder einen Platz unter einem Baum lieben Sie dagegen sehr. Wenn aufgrund von schlechter Witterung alles nicht möglich ist, können Sie den Stein auch bei Kerzenlicht und auf Rosenblätter gebettet energetisch aufladen.

Getrocknete Rosen – konserviertes Sommerglück

Sie möchten sich ein Stück vom Sommer in den Winter retten? Dann trocknen Sie einfach Ihre schönsten Gartenrosen oder den Sonntagsrosenstrauß. Zum Trocknen eignen sich viele Rosenarten, vor allen Dingen Teehybriden, die feste und nicht allzu große Blüten haben. Große Rosenblüten sollten Sie besser mit Hilfe eines Trockenmittels trocknen.

Und so geht's: Ideale Trockenbedingungen sind, wenn die Rosen leicht bis voll aufgeblüht sind und ihr Laub weder taufeucht, noch feucht vom letzten Wässern ist. Der Raum, in dem Sie die Rosen zum Trocknen aufhängen, sollte ebenfalls trocken und luftig sein, feuchte Badezimmerluft fördert dagegen die Schimmelbildung. Hängen Sie die Rosen in kleinen Bündeln mit versetzten Köpfen (so kann die Luft gut zirkulieren), an der Zimmerdecke mit dem Kopf nach unten auf. Während des Trockenvorgangs öffnen sich die Blüten zunächst noch ein wenig, fallen dann leicht zusammen und wirken dadurch geschlossener. Der Trockenvorgang dauert etwa zwei Wochen. Eine hübsche optische Ergänzung zu den Rosen ist Schleierkraut, das ebenfalls leicht zu trocknen ist.

Trockenmittel anwenden: Wenn Sie schöne große Einzelblüten bei größtmöglicher Farbbewahrung trocknen möchten, eignen sich Trockenmittel wie Quarzsand, Borax- und Alaunpulver oder Silika-Gel (im Bastelgeschäft erhältlich). Bedecken Sie den Boden eines Gefäßes mit Trockenpulver, und kürzen Sie die Rose bis unter den Blütenkelch. Stecken Sie ein Stück Blumendraht in den Blütenkelch. An diesem können Sie die Blüte nach dem Trocknen besser halten, um sie von den Kristallresten zu befreien. Die gedrahteten Blütenköpfe werden dann auf die Trockenkristalle gelegt und teelöffelweise Trockenpulver darüber gestreut. Achten Sie darauf, dass es auch zwischen die Blütenblätter gelangt. Nach der vom Hersteller genannten Trockenzeit nehmen Sie die Blüten heraus und befreien Sie sie sorgfältig von allen Kristallresten. Blütenritzen können Sie vorsichtig mit dem Föhn bearbeiten. Das Trockenpulver kann im Backofen getrocknet werden und ist wieder verwendbar. Die Trockenzeit ist sehr unterschiedlich und hängt von der Blütenanzahl und -größe ab. Mit Silika-Gel: ca. zwei Tage, mit Borax – und Alaunpulver – ca. zehn Tage und mit Quarzsand ca. zwei bis vier Wochen.

Rosen im Verbund: Die getrockneten Rosen können Sie mit anderen Trockenblumen, Schleifen und Bändern ergänzen. Mit Schleierkraut, Kugelamaranten, Strohblumen, Blattwerk, Gräsern oder Zweigen lassen sich sehr dekorative Blickfänge gestalten. Oder wie wäre es mit einem Rosen-Stilleben? Dazu werden einzelne Blütenköpfe auf einem Glasteller mit Sand, Steinen und Kerzen dekoriert.

Duftende Dekoration: Potpourris

Eine Schale mit einem duftenden Potpourri bringt neuen Schwung ins Wohnzimmer, vertreibt üble Gerüche, belebt »tote« Ecken in der Wohnung und ist zudem eine Geschenkmöglichkeit, die immer ankommt. Spaß macht nicht zuletzt auch das Herstellen des Potpourris. Sie benötigen dazu: 250 Gramm frische Rosenblüten einer duftenden Sorte, 100 Gramm Zitronenmelisse, grobes Salz, einen Esslöffel Zimtpulver, zwei Esslöffel Gewürznelken, zwei Esslöffel braunen Zucker, einen Teelöffel Veilchenwurzelpulver, zwei Tropfen Rosenöl, zwei Tropfen Zitronenöl. Schichten Sie die Rosenblätter und die Zitronenmelisse locke in einen groben Bastkorb, und streuen Sie währenddessen immer wieder etwas grobes Salz zwischen die Blüten. Diese Mischung lassen Sie ca. zwei Wochen an einem trockenen Ort ziehen. Bewegen sie die Blüten täglich, damit sie überall trocknen können. Nach dieser Zeit werden die anderen Zutaten sowie die ätherischen Öle vorsichtig unter die Blüten gegeben. Füllen Sie den Blütenmix in eine verschließbare Dose oder in ein Glas, und lassen sie es etwa zwei Monate ruhen. Dann können Sie das Potpourri in ein Baumwollsäckchen zur Schrankbeduftung geben oder in eine Schale als duftend-dekorativer Blickfang füllen.

Indikation für Rosenbehandlungen

Nicht immer ist der Griff zu einer Kopfschmerztablette das einzig helfende Mittel – mit einer Rosen-Gold-Öl-Kopfmassage würde in vielen Fällen der bohrende, pochende Schmerz im Kopf auf wesentlich angenehmere Art weichen. Auch bei anderen Beschwerden können Sie es mit einer Rosenbehandlung versuchen, bevor Sie zum »chemischen Hammer« greifen. Bei wiederkehrender Problematik, bei chronischen Beschwerden, unerklärlichen Schmerzen usw. sollten Sie es allerdings nicht versäumen, die Symptome Ihrem Arzt zu schildern. Als Faustregel bei organischen Problemen gilt, nicht länger als drei, vier Tage selbst zu behandeln. Bezüglich Haut- und psychischer Probleme können Sie die Rosentherapie als längerfristig betrachten, wobei sich durchaus auch sehr schnelle Besserung ergeben kann. Auch wenn eine medikamentöse Therapie nötig ist, können Sie Rosen und Rosenprodukte als ergänzende Maßnahme einsetzen. Mit Rosen unterstützen Sie Ihre inneren Heilkräfte und fördern den ganzheitlichen Genesungsprozess.

Supertiming für die Gesundheitsteepause

Wann ist die beste Zeit, um Rosentee zu trinken? Grundsätzlich immer dann, wenn Sie entsprechende Beschwerden oder einfach Lust darauf haben. Bei bestimmten Problemen können Sie die Tees aber auch sehr gezielt zu bestimmten Zeiten einsetzen. Nach der chinesischen Organuhr entfalten unsere Organe während des 24stündigen Tagesrhythmus' zu unterschiedlichen Zeiten ihre höchste Aktivität. Diese Zeit kann genutzt werden, um mit den genannten Tees eher beruhigend-harmonisierend oder aktivierend-harmonisierend einzuwirken. Bei der folgenden Darstellung zeigt die erstaufgeführte Zeit die Periode, während der der Tee seinen beruhigenden, harmonisierenden Effekt auf das Organ bzw. die Körperfunktion ausübt. Bis zwei Stunden nach dieser Phase (zweitgenannte Zeit) wirkt der Tee dann sanft aktivierend.

Ein Beispiel: Zwischen fünf und sieben Uhr morgens wirkt sich der Rosentee ausgleichend auf den Dickdarm aus. Ab sieben bis neun Uhr morgens kommt seine anregende Wirkung eher zum Tragen. Nachfolgend sind jene Organe und Funktionen aufgeführt, die besonders auf eine Rosenbehandlung ansprechen:

Dickdarm:	*beruhigend*	*5 - 7 Uhr*
	aktivierend	*7 - 9 Uhr*
Magen:	*beruhigend*	*7 - 9 Uhr*
	aktivierend	*9 - 11 Uhr*
Herz:	*beruhigend*	*11 - 13 Uhr*
	aktivierend	*13 - 15 Uhr*
Dünndarm:	*beruhigend*	*13 - 15 Uhr*
	aktivierend	*15 - 17 Uhr*
Blase:	*beruhigend*	*15 - 17 Uhr*
	aktivierend	*17 - 19 Uhr*
Nieren:	*beruhigend*	*17 - 19 Uhr*
	aktivierend	*19 - 21 Uhr*
Kreislauf:	*beruhigend*	*19 - 21 Uhr*
	aktivierend	*21 - 23 Uhr*
Dreifach-Erwärmer*):		
	beruhigend	*21 - 23 Uhr*
	aktivierend	*23 - 1 Uhr*
Gallenblase:	*beruhigend*	*23 - 1 Uhr*
	aktivierend	*1 - 3 Uhr*

**) Der Dreifach-Erwärmer ist kein Organ, sondern der Begriff umfasst das Zusammenspiel vieler Organfunktionen, die vom oberen Erwärmer (Herz-Lungen-Bereich), mittleren Erwärmer (Magen-Milz-Bereich) und unteren Erwärmer (Leber-Nieren-Dickdarm-Bereich) gesteuert werden.*

Ängste/Depressionen

Ängste können jeden in vielen Lebenslagen einholen. Aus einem kleinen angstvollen Gedanken kann ein Spinngewebe der Ängste bis hin zur Depression werden. Es gibt Situationen, die »angstanfällig« machen, zum Beispiel negativer Stress (Distress), Schicksalsschläge, Kontaktmangel und -schwierigkeiten, Unzufriedenheit, Unausgefülltheit, Krankheit, aber auch schlechte

Ernährung und Allergien können Ängste fördern. Oft ist es hilfreich, sich einer Person anzuvertrauen und sich die Last von der Seele zu reden. Je nach Situation sollte man sich auch nicht davor scheuen, an psychotherapeutischen Einzel- oder Gruppengesprächen teilzunehmen.

Rose: In den getrockneten Blütenblättern stecken Inhaltsstoffe wie ätherische Öle, Gerbstoffe, Flavonoide, die sich entspannend bei ängstlichen Gefühlen auswirken. Auf körperliche Beschwerden, zum Beispiel Herzklopfen oder Beklemmungen, die von Ängsten ausgelöst werden können, hat die Rose ebenfalls harmonisierenden Einfluss. Schon der milde einmalige Duft der Rose vermittelt besänftigende Impulse bei Angstzuständen und weckt neuen Mut und Hoffnung.

Rosenmeditation: Machen sie täglich eine der Meditationen, wie sie im Kapitel »Persönlichkeitsentwicklung« beschrieben sind. Regelmäßiges Meditieren kann Ihnen über depressive Verstimmungen hinweghelfen. Es unterstützt Sie dabei, aus dem Problemkreis herauszukommen und fördert die Bereitschaft, neue Ziele und Lebensfreude zu erkennen.

Rosentee: Ein bis zwei Teelöffel getrocknete Rosenblüten pro Tasse. Um die ätherischen Öle weitgehend zu erhalten, sollten Sie nicht zu heißes Wasser verwenden und den Tee ca. fünf Minuten ziehen lassen und abseihen. Verwenden Sie zum Süßen hochwertigen Honig, denn dieser besitzt zusätzlich tröstenden, beruhigenden Einfluss auf die angespannten Nerven. Trinken Sie den Rosentee so bewusst wie möglich, am besten während eines kleinen Teerituals mit Kerze und stimmungsvoller Musik.

Umschlag: zwei bis drei Tropfen ätherisches Rosenöl in lauwarmes Wasser geben, ein Tuch darin tränken und dieses feucht auf Stirn und/oder die Herzgegend legen. So reduzieren sich wilde Gedanken, und ängstliches Herzklopfen wird eingedämmt.

Teerezept: Je ein Teelöffel getrocknete Pfefferminze und Rosenblüten auf eine Tasse nicht zu heißes Wasser. Bei kurzer Ziehzeit (ca. zwei bis drei Minuten) kommen die anregenden Impulse mehr zur Geltung. Bei langer Ziehzeit (bis zehn Minuten) die körperlich beruhigenden, krampflösenden Effekte, was beim Angstmagen oder bei Herzklopfen gut tut. Trinken Sie täglich zwei bis drei Tassen.

Rosen-Pfefferminz-Kompresse: Legen Sie zwei Teelöffel Rosenblätter und einen Teelöffel Pfefferminzblätter in lauwarmes Wasser ein, und lassen Sie die Mischung mindestens eine Stunde ziehen. Tränken Sie dann ein Tuch in dem kühlen Absud, und legen Sie dieses ausgedrückt auf die Stirn. Diese Kompresse hilft, wenn Gedanken angstvoll um einen Punkt kreisen.

Rosensirup: Etwa ein Liter Wasser abkochen, erkalten lassen und eine Prise Weinsteinsäure darin auflösen. Dann das Wasser zu den Blüten von ca. 20 frischen Rosen in einen Topf geben und zwei bis vier Tage ziehen lassen. Nach dieser Zeit die Flüssigkeit mehrmals durch einen Sieb gießen, so dass keine Rückstände in der Flüssigkeit mehr sind und das verbleibende Rosenwasser wiegen. Die gleiche Gewichtsmenge, zum Beispiel ein Liter/auf 1000 Gramm, braunen Rohrzucker oder hochwertigen Honig einrühren und erhitzen, bis sich das Süßungsmittel vollständig aufgelöst hat. In Flaschen umfüllen und kühlstellen. Trinken Sie täglich ein kleines Likörglas davon, das erleichtert das Abschalten und das Loslösen von belastenden, verfolgenden Angstgedanken. Sie können daraus ein kleines Ritual gestalten und Ihre Gedanken mit positiven Rosensuggestionen (siehe im gleichnamigen Kapitel) in eine freudige Richtung lenken.

Akne

Die verstärkte Verhornung der Oberhautzellen, meist in Verbindung mit einer vermehrten Talgabsonderung kann zu einer Infektion der Talgdrüsen, zur Akne, führen. Ursachen der vermehr-

ten Talgabsonderung können hormonelle Einflüsse, Allergien, Stoffwechselstörungen, auch psychische Störungen sein. Letzteres ist besonders bei der Spätakne der Fall. Bei der Behandlung sollten die verschiedenen Ursachen in Betracht gezogen werden. Ein wichtiger Schritt contra Akne kann die Umstellung auf vollwertige, überwiegend vegetarische Ernährung sein.

Rosen-Gesichtsdampfbad: Ein Esslöffel Kamillenblüten mit ca. ein bis zwei Liter kochendem Wasser übergießen. Eine Minuten abkühlen lassen und zwei Esslöffel Rosenblüten sowie einen Esslöffel Rosenwasser einrühren. Mit einem Handtuch über dem Kopf das zuvor gründlich gereinigte Gesicht fünf bis zehn Minuten in den Dampf halten. Durch den Dampf öffnen sich die Poren, und die Pickel können schmerzloser entfernt werden. Nach der Ausreinigung die geröteten Hautstellen mit erkaltetem Rosen-Kamillentee abtupfen.

Rosen-Lavendel-Kompresse: Eine Tasse Rosenwasser mit zwei Teelöffel getrockneten Lavendelblüten ansetzen und zwei Stunden zugedeckt ziehen lassen. Die Blüten abgießen, ein Tuch mit dem Rosen-Lavendelwasser tränken und dieses auf das gereinigte Gesicht auflegen. Nutzen Sie den beruhigenden und entzündungshemmenden Effekt der Inhaltsstoffe insbesondere nach dem Entfernen der Unreinheiten. Rote geschwollene Stellen werden so weitgehend gemildert.

Stiefmütterchen-Rosentee: Je einen Teelöffel Stiefmütterchenblüten und Rosenblüten mit heißem, nicht kochenden, Wasser übergießen. fünf bis zehn Minuten ziehen lassen und Blüten abfiltern. zwei bis drei Tassen täglich trinken.

Augenbeschwerden, Bindehautentzündung

Anhaltendes Brennen der Augen, gerötete Bindehaut, erhöhte Lichtempfindlichkeit, mehr oder weniger starker Juckreiz – mit diesen Augenbeschwerden plagen sich viele Menschen herum. Die möglichen Ursachen: Arbeit am Bildschirm, sauerstoffarme Umgebung, Kälte, Wind, aber auch beginnende Fehlsichtigkeit, ins Auge gelangte Bakterien und Viren, Rauch, Staub, UV-Strahlen, Verätzungen oder Fremdkörper im Auge. Immer häufiger wird die allergisch bedingte Bindehautentzündung bei Heuschnupfenpatienten festgestellt. Gelegentlich tritt sie auch in Verbindung mit einer Grippeerkrankung, bei Masern und Windpocken auf. Bei Nichtbeachtung der ersten Symptome kann sich eine Entzündungen der Augenbindehaut entwickeln. Doch es gibt rosige Aussichten auf Besserung der Beschwerden.

Rosenbehandlungen: Die Rose genoss schon im Mittelalter großes Ansehen als Heilmittel für Augenkrankheiten. Dafür sprechen ihre entspannungsfördernden ätherischen Öle, milde Fette und das entzündungshemmende Flavonoid Quercetin. Die folgenden Rezepte werden äußerlich angewandt.

Augenkompresse: Drei Esslöffel Rosenwasser mit einer Tasse kühler Milch und einem Teelöffel Eidotter gut vermischen. Ein Tuch darin tränken und ca. 15 Minuten auf die Augen legen. Das in diesem Rezept enthaltene Lecithin aus dem Ei beeinflusst die Augen günstig und wirkt sich positiv bei Augenschmerzen nach Schlag oder Sturz aus.

Rosenwasserkompresse: Bei diesem sehr einfachen Rezept werden zwei Wattepads mit etwas Rosenwasser so benetzt, dass sie feucht sind, aber nicht triefen. Legen Sie die Pads 15 Minuten auf die geschlossenen Augenlider. Zur raschen Regeneration geröteter »Computeraugen« geeignet.

Rosenblüten-Auflage: Die hl. Hildegard empfahl taufrische Rosenblüten am frühen Morgen aufzulegen. Sie schreibt über die Wirkung: »... das zieht die Wässrigkeit, das heißt, das Tröpfeln (das Tränen), aus den Augen und macht sie klarsichtig.«

Rosen-Lapis-Auflage: Legen Sie auf die geschlossenen Lider je einen kleinen Lapislazuli-Edelstein und je eine Rosenblüte mit der Vertiefung nach unten. Dadurch entsteht eine angenehme »Wärmeglocke«, unter der sich ferner die regenerierenden Edelsteinschwingungen intensivieren. Eine Behandlung für Zugluft geschädigte Augen.

Veilchen-Rosen-Fenchel-Wein: Ein weiteres Rezept der hl. Hildegard ist dieser »Augenwein«, den sie bei einem Pupillarring, einer intensiven Rötung der Iris, empfiehlt. Er besteht aus zwölf Milliliter Rosensaft (Tinct. Rosae), sechs Milliliter Veilchensaft (Tinct. Violae) und vier Milliliter Fenchelsaft (Tinct. Foeniculi) und 50 Milliliter Wein (Vinum). Das Rezept können Sie sich in Apotheken zusammenstellen lassen. Ein wenig von diesem Wein soll man abends vor dem Schlafengehen um die Augen herum auftragen. Es soll dabei allerdings nichts in die Augen kommen.

Bartflechten

Eitererreger (Staphylokokken) oder Pilzinfektionen können an den Wurzeln der Barthaare Entzündungen verursachen. Es bilden sich Bläschen und Pusteln aus, die ineinander wachsen und sich zu Abszessen, Furunkeln und Karbunkeln entwickeln können. Die am meisten gefährdeten Stellen sind an Oberlippe, Kinn und Hals. Eine weitere Flechtenart ist die Ringelflechte, auch als »trockene Bartflechte« bezeichnet. Bei diesen leicht übertragbaren Hautkrankheiten bilden sich ringförmige, an den Rändern leicht gerötete Hautstellen. Bei Nicht- oder Falschbehandlung greifen die einzelnen Ringe ineinander, und es bilden sich Krusten. Äußerste Sauberkeit (täglicher Handtuchwechsel), regelmäßige Reinigung und Pflege, insbesondere nach dem Schwitzen, sind das A und O der Heilbehandlung. Unterstützend wirkt eine tägliche Bestrahlung mit UV-Licht.

Der Bart sollte stets kurz geschnitten sein, darf aber erst nach dem völligen Abheilen wieder rasiert werden.

Apfel-Rosentee: Zwei Teelöffel getrocknete Apfelschalen mit kochendem Wasser übergießen und zehn Minuten ziehen lassen. Nachdem die Fruchtreste abgefiltert sind, einen Teelöffel Rosenwasser einrühren und trinken. Das »Wirkstoffpaket« aus getrockneten Apfelschalen und Rosenwasser kann sich sehen lassen: Es enthält die Vitamine C, B und A, ferner Apfel-, Zitronen- und Bernsteinsäure sowie Pektinstoffe, die auf milde Weise die Entschlackung der Haut anregen.

Kamillen-Rosenumschlag: Drei Teelöffel Kamille und zwei Teelöffel Rosenblätter mit 1/4 Liter heißem Wasser aufgießen, zehn Minuten zugedeckt ziehen lassen und gründlich abfiltern. Ein Gästehandtuch darin tränken und den Umschlag so heiß wie möglich auf das Gesicht auflegen. Durch die feuchtheißen Umschläge werden die Pusteln

aufgeweicht und können entfernt werden. Danach empfehlen sich kalte Kompressen mit Rosenwasser und das Abtupfen der wunden Stellen mit keimtötendem Grapefruitkernextrakt oder Teebaumöl. Die Behandlung sollte täglich durchgeführt werden.

BLUTREINIGUNG

Eine Blutreinigungskur kann vielerlei Beschwerden erheblich bessern oder sogar auflösen. Einige Beispiele: Nach jahrelanger Fehlernährung, bei hohem Cholesterinspiegel, allgemeinem Unwohlsein, längerer Medikamentenbehandlung, chronischer Verstopfung, unreiner Haut, ständiger Müdigkeit,

Antriebsschwäche, wiederkehrenden Kopfschmerzen, Migräne etc. Eine konsequente Blutreinigung sollte in Verbindung mit einer entsprechenden Ernährungsumstellung (wenig Fett und tierisches Eiweiß, kein Industriezucker) geschehen, da diese Stoffe die Verschlackung des Körpers fördern und somit einer Blutreinigung entgegenwirken. Ideal wäre eine ein bis zwei Wochen dauernde Obst- oder Teefastenkur. Spaß macht eine solche Fastenkur in einer ambulanten Fastengruppe oder während Fastenferien. Hier bekommen Sie vom Fastengruppenleiter auch die nötigen Informationen und Tips zur Durchführung der Kur.

Hagebutten-Rosenbehandlung: Sanft, aber wirksam, unterstützen die Hagebutte mit ihrer leicht harntreibenden Wirkung und die Rose mit ihrem klärenden Effekt eine Blutreinigungskur. Überbrühen Sie einen Teelöffel getrocknete Hagebutten mit einer Tasse kochendem Wasser. Nach einer Minute noch einen Teelöffel Rosenblüten hinzugeben und zusammen fünf bis zehn Minuten ziehen lassen, dann die Masse abgießen. Trinken Sie mehrere Tassen – möglichst ungesüßt oder nur mit etwas Honig – täglich von diesem Tee.

Wacholder-Rosenöl-Massage: 100 Milliliter Hagebuttenkernöl, einen Tropfen Rosenöl, acht Tropfen Wacholderöl gut mischen. Massieren Sie sich täglich mit diesem entschlackenden, entwässernden Ölgemisch. Unterstützend wirkt eine Bürstenmassage mit einer Naturhaarbürste oder einem Luffahandschuh.

Ringelblumen-Rosentee: Je einen Teelöffel Ringelblumen und Rosenblüten mit einer Tasse heißem Wasser übergießen. zehn Minuten ziehen lassen und die Blüten abfiltern. Mit Honig süßen und zwei bis drei Tassen täglich trinken. Bei diesem Tee ergänzen sich zwei Blüten, die blutreinigende Wirkung besitzen. Die Inhaltsstoffe der Ringelblume, wie Flavonoide, ätherische Öle, Bitterstoffe und Saponine regen den Lymphabfluss und damit die Ausscheidung der Schlackenstoffe an. Ferner wirken sie entzündungswidrig und krampflösend und ergänzen damit die Eigenschaften der Rose.

DARMBESCHWERDEN, BLÄHUNGEN

Der Darm ist ein sensibles Verdauungsorgan, das auf viele Einflüsse empfindlich reagieren kann. Plötzliche Umstellung auf ballaststoffreiche Nahrung, schwere Lebensmittel wie Hülsenfrüchte, Kohl, unreifes Obst, rohes Gemüse, kalte und kohlensäurehaltige Getränke etc. lösen häufig Blähungen aus, die sich zu Darmkrämpfen entwickeln können. Zu enge Kleidung, Kälte, verkrampfte Sitzhaltung, zu langes Sitzen sowie Stresssituationen können außerdem zu den schmerzhaften Erscheinungen führen. Das Grundrezept in diesem Fall heißt: Suchen Sie Entspannung in jeder Form. Eine angenehme Sofortwirkung kann man meist mit Wärme erzielen. Die Wärmflasche muss dabei nicht nur auf den Bauch gelegt werden, sondern auch die Fußsohlen sind gute Wärme- und Entspannungsleiter.

Rosen-Anis-Auflage: Übergießen Sie drei Esslöffel Anissamen (im Mörser anquetschen) mit 1/4 Liter kochendem Wasser und lassen die Mischung einige Minuten ziehen. Dann drei Teelöffel Rosenblüten zugeben und zusammen weitere fünf Minuten ziehen lassen. Gießen Sie die Teemasse ab und streichen Sie sie auf ein dünnes Leinentuch, das auf den Bauch aufgelegt wird. Darüber kommt ein mit dem Tee angefeuchtetes Gästehandtuch und ein weiteres trockenes Tuch über die ganze Auflage. Lassen Sie die Kompresse ca. 15 Minuten aufliegen. Zusätzlich Wärme an den Füßen unterstützt die Entspannung des Darmes.

Rosen-Fenchelöl-Fußbad und Massage: Vier Teelöffel Mandelöl mit einem Tropfen Rosenöl und einen Tropfen Fenchelöl mischen. Die Hälfte des duftenden Öls in eine Wanne mit warmem Wasser geben und die Füße zehn Minuten darin baden. Mit dem Ölrest Fußsohlen und Füße bis über die Knöchel massieren. An den Fußsohlen finden sich die Reflexzonen aller Organe.

Darunter auch die Darmzone, die mit diesem Ölgemisch und einer sanften Massage beruhigt werden kann. Das Fußbad vor der Massage wärmt und lockert die Fußmuskulatur, die Haut wird aufnahmefähiger. Ebenfalls entspannend ist eine abschließende sanfte Streichmassage der Fußsohlen mit einer Naturhaarbürste.

Ekzem

Das Ekzem ist eine nicht ansteckende Hautentzündung. Im Gesicht, an den Händen und Armen bilden sich einzelne – zum Teil großflächige – Bläschen, Schuppen, nässende oder fleckig-rote Stellen. Oft tritt starker Juckreiz auf, der die Betroffenen nervlich stark belasten kann. Die Ursache von Ekzemen kann auf eine Überempfindlichkeit bzw. Allergie auf bestimmte Stoffe zurückzuführen sein. In Frage kommen der Nahrungsbereich, Genuss- und Arzneimittel, Metalle, Kunststoffe, Chemikalien etc. Nicht selten ist die Ausbildung des Ekzems von der psychischen Verfassung des Betroffenen abhängig. So kann es nach einer scheinbaren Heilung zu einem schweren Rückfall kommen, wenn eine bestimmte seelisch belastende Situation (wieder) eintritt. Die »typische« Ekzem-Persönlichkeit wird von der Psychotherapie als übersensibel beschrieben. Ekzemanfällige Menschen besitzen die Neigung, ihre wahren Gefühle zu unterdrücken, sind harmoniebedürftig und lassen sich leicht ausnutzen. Entsprechende Erkenntnisse und Änderung der Persönlichkeit sind deshalb beim Ekzemerkrankten von großem Vorteil.

Rosen-Gold-Öl: 200 Gramm Hagebuttenkernöl, drei Tropfen Rosenöl und ca. zwei Teelöffel reines Blattgold zusammen in eine verschließbare Flasche geben und nach zwei Tagen Ruhezeit verwenden. Das Blattgold ist übrigens im Mineralienfachhandel in Alkohol konserviert und in kleinen Mengen erhältlich. Spülen Sie das Gold in einem kleinen Sieb mit Wasser ab, trocknen Sie es mit einem Papiertuch, und geben Sie es in die Ölflasche. Entnehmen Sie für die Massage eine kleine Menge Öl, und massieren Sie das zuvor gereinigte Gesicht zweimal täglich. Das nährstoffreiche und feuchtigkeitsregulierende Hagebuttenkernöl wird gut von der Haut aufgenommen, fördert ihre Elastizität und mildert schuppige, verhornte Stellen. Rosenöl ist unter den ätherischen Ölen das am wenigsten toxische, und es regt die Zellregeneration der stark belasteten Ekzemhaut an. Sehr harmonisierend wirkt sich das Gold in diesem Öl aus, das Hautbild glättet sich und wird fühlbar zarter. Wichtig ist, dass keine Ölrückstände auf der Haut zurückbleiben. Reste können Sie mit Rosenwasser sanft abreiben.

Honig-Auflage: Einen Tropfen Rosenöl und zwei Teelöffel kaltgeschleuderten milden Honig mit einem Holzstäbchen gut mischen und auf das zuvor gereinigte Gesicht auftragen. Eine halbe Stunde einwirken lassen und mit lauwarmem Wasser abspülen. Am Schluss mit kühlem Rosenwasser abtupfen und die Haut an der Luft trocknen lassen. Nur wenn die Haut stark spannt, eine leichtes Rosengel (siehe Kosmetikrezepte) auftragen.

Kamillen-Rosentee: Einen Teelöffel Kamille und einen Teelöffel Rosenblüten mit einer Tasse heißem Wasser übergießen und fünf bis zehn Minuten ziehen lassen. Dann abgießen, mit Honig süßen und in kleinen Schlucken mehrere Tassen täglich trinken.

Energielosigkeit

Schwächegefühle, Lustlosigkeit, Antriebsschwäche und/oder das Gefühl von Schwere und Zähigkeit lassen uns das Leben als wahre Plage vorkommen. Meist hat man noch mit chronischer Müdigkeit, Lethargie oder depressiven Verstimmungen zu kämpfen. Überarbeitung, aber auch Unterforderung, Unzufriedenheit, Angst, einseitige Ernährung, zu wenig Schlaf und viele andere Umstände können zu Energielosigkeit führen. Auch körperlicher Ballast in Form von Übergewicht oder Verschlackung durch ungesunde Ernährung, durch Genussgifte oder Übersäuerung des Körpers können Ursache der Antriebsschwäche

sein. Überdenken Sie in Ruhe Ihre Lebensumstände, und versuchen Sie, diese Schritt für Schritt zu ändern. Den ersten Vitalkick können Sie sich gleich aus der Teetasse holen.

Hagebutte und Pfefferminze: Bei diesem Duo geht der Schlappheit die Luft aus. Es kurbelt die Lebensgeister nach beanspruchenden Arbeitsphasen oder nach einer Krankheit an und stärkt das Abwehrsystem. Reich an Vital-Vitamin C, ätherischen Ölen, organischen Säuren und Lecithin, daneben antriebsfördernden Mineralstoffen wie Eisen, kann die Hagebutte als Mittel gegen allgemeine Mattigkeit und Leistungsschwäche eingesetzt werden. Die Pfefferminze befreit mit ihren erfrischenden und gleichzeitig krampflösenden Inhaltsstoffen von hypochondrischen Gedankenstrukturen und motiviert, eine aus diesem Grund aufgetretene Antriebsschwäche zu überwinden. Die blutreinigende Wirkung der Hagebutte leistet ein Übriges. Sie befreit den Körper durch die angeregte Wasserausscheidung von harnsauren Stoffwechselprodukten.

Teerezept: Je einen Teelöffel Hagebutte und Pfefferminze mit einer Tasse heißem Wasser aufgießen. Fünf bis zehn Minuten ziehen lassen, abseihen und auf Wunsch mit einem Teelöffel Honig süßen. Zwei bis drei Tassen täglich trinken.

Rosen-Orangenbehandlung: Mit Rose und Orange kann besonders jener Energiemangel aufgelöst werden, der aufgrund von schlechten Erfahrungen, Rückschlägen, wenig Selbstvertrauen usw. entstanden ist. Die Rose bringt das Gefühl von innerer Sicherheit und Gelassenheit zurück, und die Orange vermittelt Wärme und Geborgenheit. Beide fördern die innere Lebendigkeit, den Mut und wecken Kontaktfreude. Als sanft anregender Inhaltsstoff fördert das Vitamin C im Orangentee die persönliche Vitalität und den Leistungswillen.

Teerezept: Je einen Teelöffel getrocknete Rosen- und Orangenblüten mit einer Tasse nicht zu heißem Wasser aufgießen, fünf bis zehn Minuten ziehen lassen und die Blüten abgießen. Trinken Sie etwa zwei bis drei Tassen täglich.

Rosen-Orangen-Massageöl: Einhundert Milliliter Mandelöl mit einem Tropfen Rosenöl und sechs Tropfen ätherisches Orangenöl (auch als Neroli bezeichnet) mischen. Nach einer morgendlichen Ganzkörpermassage mit diesem Öl gehen Sie fit und positiv gestimmt in den Tag.

Fieber

Wenn der Körper einen Abwehrkampf ausfechtet, tritt Fieber häufig als typisches Symptom auf. Fieber signalisiert, dass der Körper Hilfe braucht, und gleichzeitig ist Bettruhe angesagt. Fiebersignale sollte man unbedingt »erhören« und den Verlauf des Fiebers als natürliche Reinigung bestehen lassen. Nur wenn die Temperatur zu hoch steigt bzw. bei entsprechenden Krankheitsbildern, empfiehlt die Medizin, das Fieber mit Medikamenten zu unterdrücken. Dazu gibt es eine Fieber-Einstufungshilfe bei in der Achselhöhle gemessener Körpertemperatur:

36,0 bis 37,0 Grad = normale Körpertemperatur
ab 37,1 bis 38,0 = erhöhte Temperatur
bis 38,9 = mäßiges Fieber
ab 39,0 bis 40,5 = hohes und darüber sehr hohes Fieber

bei 42 Grad besteht Lebensgefahr.

Fast immer gehen Fiebersymptome mit Appetitlosigkeit einher. Damit setzt der Körper ein weiteres Zeichen, dass er nicht mit Verdauungsarbeit belastet werden möchte. Bei Fieber ist leichte, vorwiegend flüssige vitaminreiche Nahrung das beste. Verwöhnen Sie den geschwächten Organismus mit den folgenden Behandlungen. Bei Erkältungskrankheiten und zur Stärkung der allgemeinen Abwehrkraft können Sie außerdem den im Rezeptteil beschriebenen Hagebuttenwein und -likör einnehmen.

Apfel-Rosentee: Hier ergänzen sich zwei reinigende Teekomponenten. Mit seinem entschlackenden Einfluss wirkt sich der Apfel in Teeform positiv auf den fiebrigen Organismus aus. Ferner kann er als stärkendes, nervenberuhigendes und durstlöschendes Mittel eingesetzt werden. Apfel-Vitamine, Zuckerarten, organische Säuren, Pektine, Wachse und eine Reihe von Mineralstoffen machen diese Wirkung aus. Rosenblüten mit ihrer blutreinigenden, entschlackenden und gleichzeitig harmonisierenden Wirkung auf den gesamten Organismus runden diesen Tee ab.

Teerezept: Je einen Teelöffel getrocknete Apfelschalen und Rosenblüten pro Tasse heißem Wasser zehn Minuten ziehen lassen, abgießen und mehrere Tassen pro Tag trinken. Diesem Tee können Sie auch noch etwas frische oder getrocknete Pfefferminze zugeben, um einen erfrischend-kühlenden Effekt zu erzielen. Auf Wunsch mit Honig süßen.

Lavendel-Rose-Kompresse: Einen Tropfen Lavendelöl in eine halbe Tasse kühles Rosenwasser geben und ein großes Taschentuch damit tränken. Legen Sie das feuchte Tuch auf die fieberheiße Stirn bis es warm geworden ist. Am Abend ist diese Behandlung sehr gut, da Lavendel den ruhigen Schlaf fördert und mögliche Kopfschmerzen mildert. Mit ihrem zarten und liebevollen Duft vermittelt die Rose noch eine tröstende Komponente.

Rosen-Vitamin-Drink: Ein bis zwei Teelöffel Hagebuttenmus (siehe Kochrezepte) in 200 Milliliter Johannisbeersaft einrühren, einen Teelöffel Rosenwasser dazugeben und den Drink in kleinen Schlucken trinken. Darin stecken viel Vitamin C und Eisen, so dass die fiebrige Erschöpfung rasch schwindet und die Lebensgeister wieder erwachen.

Quark-Rosen-Auflage: 100 bis 200 Gramm Sahnequark mit einem Tropfen Rosenöl glattstreichen und auf Brust oder Rücken einen Zentimeter dick aufstreichen. Ein warmes Frottiertuch darüberlegen und den Fiebernden zudecken. Sobald der Quark warm und trocken geworden ist, die Reste mit warmen, feuchten Tüchern abnehmen und die Haut abtrocknen. Die Quark-Rosenauflage wirkt entgiftend und zieht Entzündungen, die Fieber hervorrufen können, aus dem Körper.

GENUSS- UND LIEBESFÄHIGKEIT

Unsere Genussunfähigkeit ist leider bereits »spruchreif« geworden: »Die Pflicht ruft« oder »erst die Arbeit, dann das Vergnügen« oder »ohne Fleiß kein Preis« etc. sind Redewendungen, die jeder kennt. Vielleicht haben auch Sie sie schon in einem Anflug von »schwarzem Humor« angewandt und die »heilige« Pflicht der genüsslichen Partnermassage vorgezogen? Schade drum, denn als Sie sich dann Zeit nahmen, war's beim Partner oder der Partnerin gerade nicht passend. Verpasste Genüsse gibt es natürlich nicht nur in Liebesbeziehungen, sondern vieles in unserem täglichen Leben kann ohne Genuss geschehen, die Arbeit, die Freizeit, die Erledigung des Haushalts, Gespräche usw. Würde man an manchen Tagen eine Liste mit der Frage »was habe ich heute wirklich genossen« zusammenstellen, sie wäre oft erschreckend kurz. Man hätte sich allerdings Klarheit über sein eigenes Genussmanko verschafft. Stattdessen bleibt es bei einem diffusen Gefühl der Unzufriedenheit, das sich steigern kann zu Verdrossenheit, Hoffnungslosigkeit, Wut und Hass. Ersatzbefriedigungen werden gesucht. Die häufigsten sind Essen, Alkohol, Zigaretten, extreme Sport- und Lebensweisen usw. Nicht nur, dass all diese Dinge den Seelenhunger doch nicht stillen können und nur kurzzeitig vermeintlichen Genuss schaffen, sie hinterlassen ihre schädlichen Spuren in körperlichen, geistigen und seelischen Beschwerden. Schön, dass die Themen »Genuss und Liebe« zur Spezialität der Rose gehören und verschiedene Rosenbehandlungen die Bereitschaft zum Genuss (siehe auch Kapitel »Rosen und Sexualität«) verstärken können.

Rosen-Jasmin-Massage: Drei Teelöffel Jasminblüten und 4 Teelöffel Rosenblätter in 200 Milliliter Sesamöl (Lebensmittelqualität) auf ca. 40 Grad erwärmen und einige Stunden bedeckt ziehen lassen. Dann das Öl mehrmals durch ein feinmaschiges Sieb gießen, damit keine Blütenrückstände darin sind. Dieses blumig duftende und pflegende Öl entspannt die Muskeln während einer Ganzkörpermassage. Das Duftöl eignet sich auch zur äußeren Pflege der Geschlechtsorgane.

Rosen-Jasmintee: Einen Teelöffel Rose und einen halben Teelöffel Jasmin mit einer Tasse heißem Wasser übergießen, fünf bis zehn Minuten ziehen lassen und heiß mit einem Tropfen Vanilleessenz genießen. Dieser Tee lässt alle Alltagsbelastungen vergessen. Er

wärmt von innen heraus und vermittelt harmonische Empfindungen. Trinken Sie diesen Tee, wenn Sie aus der geschäftigen »Gedankenmühle« herausfinden möchten und sich ganz auf Genuss besinnen möchten.

Rosen-Safrantee: Ein bis zwei Teelöffel Rosenblätter mit einer Tasse heißem Wasser übergießen, zehn Minuten ziehen lassen und abseihen. Dann eine kleine Prise Safran zugeben und (nach Geschmack) mit Honig süßen. Entspannung und Vitalisierung der Libido vermittelt Ihnen dieser Tee. Die Rose harmonisiert das Gefühlsleben, und Safran reinigt und stärkt die Gebärmutter. Safran ist in Indien und in der ayurvedischen Medizin ein geschätztes Verjüngungsmittel, da er die Körpersäfte wieder ins Gleichgewicht bringt und allgemein gesundheitsfördernd wirkt.

Aphrodisierende Fußsohlenmassage: Je 50 Milliliter Sesamöl und Kokosöl, je drei Tropfen Rosenöl, Sandelholzöl und Ylang-Ylang-Öl. Geben Sie alle Zutaten in ein Fläschchen, und erwärmen Sie das Öl im heißen Wasserbad. Massieren Sie mit dem warmen Öl die Füße des Partners oder der Partnerin. Über die Fußsohlen scheint dieses Öl mit seinem warmen sinnlichen Duft wie eine sanfte Welle durch den Körper zu strömen. Es wärmt und lockert die Muskeln, auch die verspannte Beckenmuskulatur entspannt sich. Nervöse und depressive Stimmungen lösen sich auf, die weibliche wie männliche Liebeskraft wird gefördert.

HANDSCHWEISS

Eine »brenzlige« Situation und schon sind die Hände feucht. Besonders unsichere Menschen leiden unter dieser Überreaktion ihrer Nerven. Auch Medikamenteneinnahme, zu viel Alkohol oder andere ungesunde Lebensführung können die Schweißbildung an den Händen anregen. Je nach Situation kann man durch Ernährungsumstellung und regelmäßige äußere Behandlungen Besserung erzielen. Rosentee täglich getrunken fördert die innere Gelassenheit und reduziert daher nervös bedingten Handschweiß.

Salbei-Rosen-Handbad: Je zwei Teelöffel Salbeiblätter und Rosenblüten mit heißem Wasser aufgießen und eine Viertelstunde ziehen lassen. Dann die Teereste abgießen, und das Handbad auf Körpertemperatur abkühlen lassen und die Hände ca. zehn Minuten hineinlegen. Die leicht kühlenden, schweißhemmenden und nervenstärkenden Salbei-Inhaltsstoffe wie Kampfer, ätherische Öle, Gerb- und Bitterstoffe ergänzen sich mit den ausgleichenden der Rose. Während der Schwangerschaft sollten Sie auf Salbei auf Grund seiner wehenfördernden Wirkung verzichten.

Salbei-Rosen-Gel-Packung: 30 ml Rosenwasser, 10 ml Hagebuttenkernöl, 2 Tropfen Salbeiöl, 1/2 Teelöffel Agar-Agar (pflanzliches Bindemittel aus Algen gewonnen). Erhitzen Sie das Rosenwasser in einem feuerfesten Glas und geben dann das Hagebuttenkernöl und das ätherische Salbeiöl hinzu. In die noch heiße Flüssigkeit Agar-Agar einrühren und lauwarm abkühlen lassen. Die Packung warm, aber nicht heiß auf die Hände auftragen, leicht massieren und auf den Händen trocknen lassen. Reste mit einem feuchten Tuch abreiben.

Pfefferminz-Rosen-Auflage: Eine halbe Tasse Rosenwasser mit zwei Tropfen Pfefferminzöl mischen und in ein verschließbares Fläschchen umfüllen. Geben Sie nach jeder Handwäsche ein paar Tropfen von diesem erfrischend-kühlenden Duftwasser auf die Hände. Verstreichen Sie die Flüssigkeit kurz, und lassen Sie die Hände an der Luft trocknen. Der angenehme Frischeeffekt hält einige Zeit an.

HAUTREAKTIONEN, VERSCHIEDENE

Die Haut ist der Spiegel unseres Innenlebens. Sie kann Fehl- oder Mangelfunktionen des Organismus, aber auch seelische Notstände widerspiegeln und mit extremer Trockenheit, übermäßiger Talgabsonderung, nervösen Rötungen und Flecken, grundlosem Juckreiz, Unreinheiten etc. reagieren. Jedes längerfristige oder wiederkehrende Hautproblem sollte daher unter ganzheitlichen Aspekten, d.h. durch gezielte äußere

Pflege plus seelische Bearbeitung plus innere »Bereinigung«, behandelt werden. So reagieren nahezu alle Hautkrankheiten auf Teefasten mit Besserung und bei regelmäßigem Fasten in vielen Fällen mit Ausheilung. Da Rosenblüten eine blutreinigende und Hagebutten eine harnanregende Wirkung aufweisen, eignen sich diese beiden Rosenprodukte sehr gut für eine Teefastenkur. Durch die geförderte Blutreinigung können Schlackenstoffe abgebaut werden, die sich sonst am Hautbild negativ zeigen würden. Positiv an der Haut bemerkbar macht sich ferner eine natürliche Ernährung. Ernähren Sie sich mit frischem Obst und Gemüse, greifen Sie zu Vollkornprodukten, und reduzieren Sie den Fleisch- und Wurstverzehr. Bevorzugen Sie pflanzliche Fette und Eiweiße und statt des Weißzuckers natürliche Süßmittel wie Honig, Apfel- und Birnendicksaft oder Stevia-Süßkraut. Auf Genussmittel wie Kaffee, Alkohol und Zigaretten sollten Sie nach Möglichkeit weitgehend verzichten.

Melisse-Rosenbehandlung: Wenn sich Stress und innere Konflikte auf Ihrer Haut niederschlagen, helfen Ihnen (Zitronen-)Melisse und Rose, Ihre innere Stärke und Gelassenheit wiederzufinden. Die Zitronenmelisse enthält Bitter- und Gerbstoffe, die den Organismus stabilisieren, und durch ihr desinfizierend wirkendes ätherisches Öl fördert sie außerdem das Abheilen von problematischen Hautstellen, zum Beispiel Unreinheiten. In Verbindung mit der Rose werden von dieser Behandlung psychische Spannungen aufgelöst und die persönliche Vitalität und Lebensfreude wieder geweckt.

Teerezept: Aus je 40 Gramm Zitronenmelisse und Rosenblüten eine Mischung herstellen. Davon pro Tasse heißem Wasser einen Teelöffel abnehmen, übergießen, fünf Minuten ziehen lassen und abseihen. Von diesem Tee können Sie drei bis vier Tassen täglich trinken.

Lein-Rosenbehandlung: Die reinigende, schmerzstillende und beruhigende Wirkung des Leinkrauts sowie des Leinöls beruht auf seiner Zusammensetzung von Glykosiden, Schleimstoffen, hochungesättigten Fettsäuren und Lecithin, Gummi und organischen Säuren. Diese Wirkung wird ergänzt von der Rose, die die Hautfunktionen harmonisiert. Einsetzen können Sie dieses Duo besonders bei juckender, trockener, schuppiger Haut.

Teerezept: Je einen Teelöffel Leinkraut und Rosenblüten mit einer Tasse heißem Wasser aufgießen, fünf Minuten ziehen lassen und abgießen. Zwei Tassen täglich trinken. Zur äußerlichen Behandlung geben Sie dem etwas abgekühlten Tee eine Prise Agar-Agar hinzu, das ist ein pflanzlicher Gelbildner. Tragen Sie das dünnflüssige Leingel auf die gereinigte Haut auf, und lassen es ca. zehn bis 15 Minuten einwirken. Die festgewordene Packung mit reichlich lauwarmem Wasser abspülen und das Gesicht mit Rosenwasser abtupfen.

Rosen-Leinsaat-Gesichtsöl: Einhundert Gramm Leinsaatöl, einen Tropfen Rosenöl und einen Tropfen Kamillenöl mischen. Mit diesem intensiv pflegenden und beruhigenden Öl können Sie der trockenen, aber auch unreinen und strapazierten Haut wertvolle Heilimpulse vermitteln.

Lavendel-Rosen-Kompresse: Einen Teelöffel Lavendel mit einer Tasse heißem Wasser übergießen, zehn Minuten ziehen lassen und die Blüten abgießen. Nach dem Erkalten drei Esslöffel Rosenwasser zugeben und ein Tuch in der Flüssigkeit tränken. Bedecken Sie mit dem Tuch das heiße Gesicht bzw. die betroffene Stelle. Die heilwirksamen Inhaltsstoffe von Lavendel und Rose beruhigen nervöse Hautbeschwerden rasch.

HEISERKEIT

Eine heisere, raue und belegte Stimme tritt oft gleichzeitig mit einer Erkältung und einer daraus entstandenen Kehlkopfentzündung auf. Das Symptom kann sich auch durch übermäßige Beanspruchung der Stimmbänder, nach Aufenthalt an zugigen Orten oder klimatisierten Räumen einstellen. Ferner tritt Heiserkeit bei gutartigen Knoten

der Stimmbänder (sog. Sängerknoten), bei Krebsgeschwülsten, Nervenleiden, Lähmungen, nach dem Einatmen reizender Gase, manchmal auch durch geschwollene Halslymphknoten auf. Stimmschonung, heiße Tees, Gurgeln, Inhalieren, Halskompressen – es gibt einiges, was man gegen den »Frosch« im Hals unternehmen kann. Ständige oder wiederkehrende Heiserkeit ohne andere Anzeichen einer Erkältung sollten vom Arzt überprüft werden.

Veilchenwurzel-Rosentee: Als mildes schleimlösendes Mittel kann das Veilchen bei Heiserkeit, chronischem Husten, Keuchhusten sowie Verschleimung eingesetzt werden. Wirksam sind ihre Inhaltsstoffe aus Blättern, Blüten und Wurzeln wie Saponine, ätherische Öle, Alkaloide und Salicylsäure, ferner Bitterstoffe und Glykoside. Mit ihrer krampflösenden und beruhigenden Wirkung ergänzt die Rose diesen Tee sehr gut.

Teerezept: Einen Teelöffel Veilchenwurzel mit einer Tasse kaltem Wasser ansetzen und eine Stunde (kalt) ziehen lassen. Danach kurz aufkochen lassen, den Sud abfiltern, einen Teelöffel Rosenblätter zugeben, fünf Minuten ziehen lassen und absieben. Zwei bis drei Tassen täglich trinken.

Rosenlakritze: Eine Mischung aus Süßholzsaft und Rosentinktur (in Hildegardläden erhältlich) ergibt nach den Rezepten der hl. Hildegard ein gutes Mittel gegen Heiserkeit und gegen eine raue Stimme. Geben Sie einen Teelöffel der Rosenlakritze in eine Tasse heißes Wasser, und trinken Sie die Mischung so heiß wie möglich.

Pfefferminze-Rosen-Dampfbad: Je zwei Teelöffel Pfefferminze und Rosenblüten in eine Schüssel geben und mit heißem Wasser übergießen. Fünf Minuten ziehen lassen und kurz aufrühren. Dann den aufsteigenden Dampf mit einem Handtuch über dem Kopf fünf Minuten einatmen. Die befreiende Wirkung der Pfefferminze auf die Atemwege und der entkrampfende Effekt der Rose eignet sich besonders zur Behandlung von Heiserkeit aufgrund einer Erkältung.

HERZBESCHWERDEN

Vorübergehende oder dauerhafte Herzbeschwerden können sehr unterschiedlich auftreten, so als Herzflattern, Herzflimmern, Herzneurose, Herzanfall, Herzasthma, Herzschwäche usw. Die Ursache der zum Teil heftigen und beängstigenden Herzreaktionen kann auf andere Erkrankungen, zum Beispiel Rheuma, Infektionen usw. zurückzuführen sein. Ferner spielen in vielen Fällen eine ungesunde Lebensweise, Stress, seelisch-nervöse Einflüsse oder eine übertriebene oder fehlende Sportaktivität eine Rolle. Ob und welche Herzerkrankung vorliegt, gilt es mit dem Arzt abzuklären. Anlass hierfür können sein: beschleunigter Herzschlag, Atemnot bei Bela-

stung, verminderte oder verstärkte Harnausscheidung, Knöchelschwellungen, Wasseransammlungen, Blutstauungen in Leber, Lunge, Nieren und Milz, Schmerzen im linken Arm, Schwindel, Ohrensausen, allgemeine Leistungsschwäche, Reizhusten oder Schlafstörungen. In leichten Fällen kann die Rose sehr gut als »Herzbalsam« eingesetzt werden. Ihre vielen Vorzüge können Sie auch spüren, wenn Sie eine nötige medikamentöse Herztherapie mit Rosenbehandlungen ergänzen.

Rosen-Galgant-Tee: Zwei Teelöffel Rosenblüten mit einer Tasse heißem Wasser übergießen, zehn Minuten ziehen lassen und den Sud abfiltern. In den etwas abgekühlten Tee einen Teelöffel Galgant-Honig (in Hildegardläden und Apotheken erhältlich) einrühren. Als vorzügliches Herz- und Nervenstärkungsmittel wird die Rose hier von dem »Herzspezialisten« der hl. Hildegard ergänzt. Hauptwirkstoff des Galgants ist das Harz Galganol, ferner Flavonoide, ätherische Öle, Scharf- und Gerbstoffe und Stärke. Diesen Tee können Sie bei krampfartigen und nervösen Herzbeschwerden trinken.

Melissen-Rosen-Tee: Je einen Teelöffel Melisse und Rosenblüten mit einer Tasse heißem Wasser übergießen. Fünf bis zehn Minuten ziehen lassen, abgießen und zwei bis drei Tassen täglich trinken. Ätherische Öle, Bitter-, Gerb- und Schleimstoffe sowie geringe Mengen Glykoside machen den herzwirksamen Einfluss der Melisse aus. Sie wirkt über das Nervensystem auf das Herz ein und reguliert funktionelle Herzbeschwerden, zum Beispiel Herzklopfen, Herzjagen, Herzflimmern. Krampflösend und beruhigend ergänzen die ätherischen Öle der Rose diese Wirkung.

Rosen-Herzhonig: In ein kleines Glas Honig (gut: Lavendel- oder Rosmarinhonig) einen Tropfen reines Rosenöl einrühren und verschließen. Süßen Sie mit diesem Rosen-Herzhonig Ihren Tee, zum Beispiel Kamillentee, Pfefferminztee usw. Mit seinen ätherischen Ölen und Harzen enthält Honig Stoffe, die stimulierende Wirkung auf das Nervensystem und den Kreislauf haben. In der Volksheilkunde gilt Honig als herzstärkend, und ein regelmäßiger Honiggenuss bewirkt eine bessere Versorgung des Herzmuskels und der Herzleistung. Das Rosenöl mit seinem ausgleichenden Einfluss wertet den Honig herzwirksam auf.

Rosen-Edelsteinbehandlung: fünfzig Milliliter kaltgepresstes Olivenöl, einen Tropfen Rosenöl, einen Peridot-Edelstein. Dieses Öl werden Sie – und Ihr Herz – schnell schätzen lernen. Es ist der Bote von innerer Ruhe, Gelassenheit und Stabilität. Tragen Sie ein paar Tropfen davon leicht massierend auf die Herzgegend auf, immer wenn Sie sich gestresst, überlastet, unter Erwartungsdruck oder hoffnungslos fühlen. In der Naturheilkunde wird Olivenöl als Basisöl zur Gewinnung von Pflanzenauszügen sehr geschätzt. Die wärmend-harmonisierende Wirkung des Öls und der Rosen hilft, Herzschmerzen verschiedener Ursachen aufzulösen. Dies wird unterstützt von dem Peridot-Edelstein, den schon die hl. Hildegard zur Herzstärkung empfohlen hat.

Rosen-Johanniskraut-Tee: Je einen Teelöffel Johanniskraut und Rosenblüten zusammengeben und mit einer Tasse heißes Wasser übergießen, fünf Minuten ziehen lassen und abfiltern. Nach Wunsch mit Rosen-Herzhonig süßen und morgens und abends eine Tasse trinken. Johanniskraut unterstützt die Ruhefindung des Herzens vor allen Dingen durch seinen Inhaltsstoff Hypericin. So wirken Johanniskraut und Rose im Duett hauptsächlich den von Traurigkeit und Depression hervorgerufenen Herzbeschwerden entgegen.

Kopfhautprobleme

Wie die Gesichts- und Körperhaut ist auch die Kopfhaut ein wesentlicher Gradmesser der persönlichen Verfassung sowie der äußeren Umstände. Organische Krankheiten, Pilzinfektionen, Medikamenteneinnahme (zum Beispiel Chemotherapie), Vergiftungen

und hormonelle Probleme (zum Beispiel Schwangerschaft, Wechseljahre), ferner vitamin- und mineralstoffarme Ernährung, Stress sowie äußere Beanspruchung und chemische Behandlungen (heißes Föhnen, Färben, Dauerwelle) können Reaktionen der Kopfhaut hervorrufen. Sie reichen von der übermäßig trockenen, schuppigen und juckenden Haut über die extrem fettige Haut bis hin zu den verschiedenen Erscheinungsweisen des Haarausfalls. Die Rose mit ihren ausgleichenden Inhaltsstoffen kann in vielen Fällen eine Kräuterbehandlung der Kopfhaut unterstützen.

Birken-Rosen-Massageöl: Birkenrindenöl, Gerb- und Bitterstoffe, Saponine, ätherische Öle, Vitamine und Mineralstoffe machen das Wirkstoffpaket gegen Haarausfall aus. Dabei kann die Birke zur Behandlung von Haarbodenerkrankungen und darauf zurückzuführenden Haarausfall eingesetzt werden, oder auch bei anderweitig bedingtem Haarausfall. Zur Anwendung kommt hauptsächlich der frische Birkensaft (erhältlich in Reformhäusern).

Pflegerezept: 30-50 Milliliter Olivenöl mit einem Esslöffel Birkensaft und zwei Esslöffeln Rosenwasser mischen und in eine Flasche mit Pipettenverschluss umfüllen. Schütteln Sie die Flüssigkeit vor jeder Kopfbehandlung gut auf, da sich die Inhaltsstoffe mit der Zeit wieder trennen. Scheiteln Sie das Haar Lage für Lage und geben das Ölgemisch auf die Kopfhaut. Massieren Sie die Kopfhaut etwa 20 Minuten. Hüllen Sie dann ein vorgewärmtes Handtuch um den Kopf, und lassen Sie das Öl noch etwa eine halbe Stunde einwirken. Danach mit einem milden Shampoo auswaschen und am besten lufttrocknen lassen.

Spezialwäsche: 100 Gramm Brennesselblätter mit einem halben Liter Wasser und einem halben Liter Rosenessig (siehe Rezeptteil) kurz aufkochen lassen und den Sud abfiltern. Verwenden Sie diese haar- und kopfhautstärkende Mischung zum Haarewaschen bzw. zum Klarspülen. Sie mildert Juckreiz und Schuppen und hat regulierenden Einfluss auf die Talgproduktion.

Kopfschmerzen, Migräne

Nur ein kleiner Prozentsatz der deutschen Bevölkerung kennt keine Kopfschmerzen. Der Rest wird ab und zu, häufig oder sogar täglich vom »Brummschädel« geplagt, wie eine wissenschaftliche Untersuchung herausfand. Die Schmerzen als solche entstehen durch Krämpfe oder Erschlaffung der Hirngefäße oder sie gehen von den Hirnhäuten aus. Hervorgerufen werden die Krämpfe zum Beispiel durch organische Leiden, seelisch-nervöse Faktoren (wie Leistungs- und Erwartungsdruck), grippale Infekte, Alkohol- und Nikotinmissbrauch, Darmträgheit, Verstopfung, Bluthochdruck, Zahnleiden, Nebenhöhlentzündungen, Wirbelsäulenerkrankungen oder Augenkrankheiten. Daneben können auch bestimmte Nahrungsmittel, zum Beispiel Schokolade, bei manchen Menschen Kopfschmerzen auslösen. Typisches Anzeichen für eine beginnende Migräne ist meist ein Augenflimmern, Müdigkeit, Gereiztheit, manchmal auch euphorische Stimmungen, die mit depressiven Phasen abwechseln. Der Schmerz steigert sich dann rasch und tritt meist einseitig als Stirn-Schläfen- und Augenschmerz auf. Übelkeit, Brechreiz, Lichtscheu, Depression, Blässe oder Fleckenbildung im Gesicht können den Migräneanfall begleiten. Die Auslöser von Migräne können ähnliche sein, wie die der Kopfschmerzen, hinzu kommen noch hormonelle Umstellungen und Wirbelsäulenprobleme. Wenn letzteres der Fall ist, verschlimmern sich die Migräneschmerzen beim Kopfwenden.

Häufigen Kopfschmerz oder Migräne sollten Sie beobachten. Anhand Ihrer Notizen können Sie oder ggf. Ihr Arzt die eigentliche(n) Ursache(n) »entlarven« und mit einer gezielten (Ursachen-) Behandlung aus der Welt schaffen. Vor der schnellen Kopfschmerztablette sollten Sie es zunächst mit Entspannungstraining, leichter Gymnastik gegen Verspannungen, Wasseranwendungen (zum Beispiel Wechselfußbäder), kalten Kopfwickeln oder Kompressen versuchen – und natürlich mit einer dieser einfachen Rosenbehandlungen.

Pfefferminz-Rosen-Auflage: Drei Esslöffel Rosenwasser und zwei bis drei Tropfen Pfefferminzessenz in eine Tasse kaltes Wasser einrühen. Zwei Taschentücher damit tränken und feucht auf die Stirn und in den Nacken legen. Schon während der zehnminütigen Auflage spüren Sie, wie sich der Druck hinter der Stirn auflöst und wie der Kopf leichter wird. Die krampflösenden Eigenschaften der Pfefferminze und der regulierende Einfluss der Rose bewirken, dass sich die Verkrampfung der Hirngefäße sanft auflöst. Besonders bei Spannungskopfschmerzen aufgrund von Stress und Leistungsdruck ist diese Behandlung hilfreich. Ganz nebenbei schützt der Rosenanteil in dieser Mischung auch die Haut, da sie die »aggressiven« Pfefferminzwirkstoffe ausbalanciert.

Zitronen-Rosen-Aromaduft: Drei Esslöffel Rosenwasser, zwei Tropfen Zitronenessenz und fünf Esslöffel Wasser in die Schale der Aromalampe geben. Dieser beschwingende Duft löst belastende Raumenergien auf, die zu Kopfschmerzen führen können. Verwenden Sie diesen Duft zum Beispiel in einem Büroraum, den sich mehrere Menschen teilen. Auch trockene Heizungsluft wird durch diesen Duft belebt und erleichtert die Konzentration

Apfelknospenöl: 100 Gramm noch nicht aufgeblühte Apfelblütenknospen in einen halben Liter Olivenöl geben und zwei bis drei Tage ziehen lassen. Dann die Knospen (ohne sie abzupressen) abfiltern und nur das Öl verwenden. Nehmen Sie ein bis zwei Esslöffel davon, sobald sich eine Migräne ankündigt oder bei starken Kopfschmerzen. Das Öl schmeckt nicht besonders gut, ich mische es deshalb vor der Einnahme noch mit einem Teelöffel Rosenhonig (siehe bei Herzbeschwerden). Das Apfelknospenöl ist ein Rezept der hl. Hildegard und auch fertig in Hildegardläden und Apotheken erhältlich. Sie können das Öl außerdem über Nacht auf die Kopfhaut auftragen, um die Migräne noch rechtzeitig »abzufangen« und um Kopfschmerzen aufgrund von Leber-, Milz- oder Magenstörungen abzubauen.

Gundelreben-Rosen-Auflage: Je einen Esslöffel Gundelrebenkraut und Rosenblüten mit einem viertel Liter Wasser aufkochen lassen. Dann das warme Blütengemisch abfiltern, auf die Stirn legen und mit einem Tuch festbinden. Bei Kopfschmerzen, die in die Ohren ausstrahlen, packen Sie die Blüten in ein Stück Mullbinde. Die Blütenkissen werden ans Ohr gelegt festgebunden und bleiben dort, bis sie ausgekühlt sind. Danach die Ohren gut austrocknen und warmhalten (evtl. mit Watte füllen).

Stirn-Bürstenmassage: Zwei Teelöffel Hagebuttenkernöl mit einem Tropfen Pfefferminzöl mischen. Das Öl auf die Stirn geben und an Haaransatz und Nacken auftragen. Dann mit zwei weichen Gesichtsbürstchen die Stirn ausstreichen. Setzen Sie dazu die Bürstchen in der Stirnmitte auf und streichen Sie gleichzeitig Richtung Schläfen aus. Dann führen Sie die Bürsten (immer von innen nach außen) am Haaransatz entlang. Im Nacken am Haaransatz ansetzen und mit etwas kräftigerem Druck Richtung Schultern ausstreichen. Anschließend die heiße Haut großzügig mit Rosenwasser abtupfen.

Kreislauf und Blutdruck

Höhen und Tiefen des Kreislaufs machen sich mit Kopfdruck und Hitzegefühlen bis hin zu Erschöpfungszuständen bemerkbar und sind durch Messen des Blutdrucks in Zahlen abzulesen. Normalerweise steigt der Blutdruck ab morgens gegen 6.00 Uhr allmählich an und erreicht gegen 18.00 Uhr seinen Höchststand. Gegen 23.00 Uhr sinkt er zum nächtlichen Tiefststand. Bei zu hohem Blutdruck steigt die Kurve rapider, und es kommt erst Stunden später als normal zur Tiefstabsenkung. Die Gefäße finden so kaum zu einer Erholungsphase. Es gibt Richtwerte zur Einstufung des Blutdrucks. Gemessen wird der systolische (1. Zahl) und diastolische Druck (2. Zahl) des Blutes. Der behandlungsbedürftige Bluthochdruck, der Auslöser von Schlaganfall und Herzinfarkt sein kann, liegt beim Erwachsenen bei Werten über 160/95. Ursachen für hohen Blutdruck können sein: Arterienverkalkung, Stress, Nierenleiden, chronische Infektionsherde, Nikotin- und Kochsalzmissbrauch, manchmal hormonelle Störungen. Hilfreich sind Entspannungsmethoden wie autogenes Training, Suggestionstherapie, leichte Sportarten, Aufenthalt im Freien. Daneben wirken sich Entschlackungskuren meist positiv auf einen hohen Blutdruck aus.

Ein niedriger Blutdruck gilt als viel weniger gefährlich als der hohe. Richtwert für einen niedrigen Blutdruck ist ein systolische Druck (1. Wert) von unter 100. Meist macht sich dies auch in einem verminderten, flachen Pulsschlag bemerkbar. Die Symptome des Blutunterdrucks sind Kopfschmerzen, häufige, starke Müdigkeit, Antriebsschwäche, Schwindel und Neigung zu Ohnmacht. Eine Besserung spürt man im Liegen, da dann die Blutverteilung erleichtert ist. Als mögliche Ursachen sollte man seine Ernährung auf ausreichenden Vitalstoffgehalt (Vitamine, Mineralstoffe, Spurenelemente, Aminosäuren etc.) überprüfen und Nikotin einschränken. Gleichen Sie körperlich-seelische Erschöpfungszustände durch Spaziergänge und leichte Gymnastik im Freien aus. Ferner sollten Sie hormonelle und Stoffwechselstörungen in Betracht ziehen sowie mögliche Infektionsherde im Körper medizinisch abklären lassen.

Rosen-Rosmarin-Erfrischung: Ein Taschentuch mit Rosenwasser benetzen und zwei bis drei Tropfen Rosmarinöl aufträufeln. Atmen Sie den Duft einige Minuten lang ein. Bei Blutleeregefühl im Kopf geben Sie auf einen Esslöffel Rosenwasser einen Tropfen ätherisches Rosmarinöl. Verteilen Sie die Flüssigkeit auf den Fingerspitzen, und streichen Sie damit die Schläfen aus. Die Inhaltsstoffe der Rosen-Rosmarin-Erfischung sind in angenehmem Maß anregend und ausgleichend zugleich.

Ginkgo-Rosen-Tee: Je einen Teelöffel Ginkgoblätter und Rosenblüten mit einer Tasse heißem Wasser übergießen, zehn Minuten ziehen lassen und abseihen. Bei Erschöpfungsgefühlen zusätzlich mit Honig süßen und zwei bis drei Tassen täglich trinken. Die fächerförmigen Blätter des Ginkgobaumes enthalten hauptsächlich gefäßwirksame Stoffe. Diese fördern die Fließeigenschaften des Blutes und aktivieren somit die Durchblutung. Trinken Sie diesen Tee bei kreislaufbedingter Konzentrationsschwäche, Gedächtnisstörungen und allgemein verminderter Reaktions- und Leistungsfähigkeit. Kräftigend und stabilisierend rundet die Rose die Wirkweise des Gingkos ab.

Mistel-Rosentee: Zwei Teelöffel Mistelkraut mit zwei Tassen kaltem Wasser über Nacht ziehen lassen. Morgens abfiltern und den Misteltee mit Rosenhonig (Rezept siehe »Herzbeschwerden«) süßen. Die angesetzte Menge Tee über den Tag verteilt schluckweise trinken. Mistelkraut mit seinen Inhaltsstoffen wie Flavonoide, Viscotoxine und Mistellektine, hat sich bei leichtem Bluthochdruck sowie zur unterstützenden Behandlung der Arteriosklerose und zur Senkung des Cholesterinspiegels bewährt. Die Rose mit ihrer blutreinigenden Wirkung sowie der herzstärkende Honig ergänzen diese Wirkung positiv.

Lavendel-Rosentee: Je einen Teelöffel Lavendel- und Rosenblüten zusammengeben und mit einer Tasse heißem Wasser übergießen, fünf Minuten ziehen lassen und abseihen. Bei Bedarf ein bis zwei Tassen langsam trinken. Ausgleichende ätherische Öle, kräftigendes Cumarin und entspannungsfördernde Gerbstoffe des Lavendels unterstützen in diesem Tee die Wirkstoffe der Rose. Hilfreich ist diese Mischung, wenn neben dem hohen Blutdruck Unruhegefühle und Schlaflosigkeit auszugleichen sind.

Magenbeschwerden

Der Magen kann sich auf verschiedene Art bemerkbar machen. Mal kann man das Gefühl haben, das Essen liegt wie ein Stein darin, mal deuten Stiche und Krämpfe auf ein Zuviel hin: Zuviel Nahrung, zuviel Stress, zuviel Sorgen, zuviel Säure usw. Als erste Alarmsignale treten meist Magendruck und Sodbrennen auf. Heftige Schmerzen können bei einer Magenschleimhautentzündung, bei Geschwüren oder Störungen der Magensäureproduktion auftreten. Möglich ist auch, dass der vermeintliche Magenschmerz auf eine Gallenblasenentzündung oder einen anderen entzündlichen Herd im Körper zurückzuführen ist. Beobachten Sie den Verlauf Ihrer Magenschmerzen. Heftige und wiederkehrende Schmerzen sollten Sie in jedem Fall Ihrem Arzt schildern. Fast Food Ernährung, kalte Getränke, Alkohol, Kaffee, schwarzer Tee, scharfe Gewürze, Fettgebackenes usw. sollte jetzt auf der »Nein-Danke-Liste« stehen. Sagen Sie stattdessen »Ja« zu leichter Küche, kleinen Mahlzeiten, warmen schleimbildenden und entzündungswidrigen Tees und anderen magenfreundlichen Behandlungen.

Kamillen-Rosen-Fencheltee: Einen Teelöffel Kamille, zwei Teelöffel Rosenblüten und einen halben Teelöffel Fenchel mit einem viertel Liter heißem Wasser übergießen und zehn Minuten ziehen lassen. Den Teesud abfiltern und warm in kleinen Schlucken trinken. Jede der drei Teezutaten hat positiven Einfluss auf die gereizte Magenschleimhaut. Bei der Magenbehandlung spielen vor allem das ätherische Kamillenöl, das Azulen, sowie magenberuhigende Bitterstoffe und entzündungshemmende ätherische Öle eine wichtige Rolle. Die Rose wirkt beruhigend auf die Schleimbildung in Magen und Darm, und Fenchel rundet mit seiner krampf- und blähunglösenden Wirkung diesen Tee ab.

Malven-Rosentee: Je einen Teelöffel Malve und Rosenblüten mit einer Tasse heißem Wasser aufgießen. Nach zehn Minuten Ziehzeit abgießen und warm in kleinen Schlucken ohne Zucker trinken. Der günstige Einfluss der Rose auf die Schleimhäute findet in der Malve einen starken Partner. Reich an Schleim- und Gerbstoffen sowie ätherischem Öl, ist die Malve ein bewährtes Mittel bei Entzündungen von Schleimhäuten im Körperinneren. Die Schleimstoffe der Tees überziehen die gereizten Schleimhäute, zum Beispiel bei einer Magenschleimhautentzündung mit einer schützenden Schicht. Außerdem trägt die zusammenziehende Gerbstoffwirkung zu einer Ausheilung dieses Leidens bei.

Rosen-Süßholztee: Zwei Teelöffel Rosenblüten mit heißem Wasser aufgießen, zehn Minuten ziehen lassen, abseihen und einen Teelöffel magenwirksame Rosenlakritze zugeben und zwei bis drei Tassen täglich trinken. Rosenlakritze wird aus Süßholzwurzel unter Zugabe von Rosensaft nach einem Rezept der hl. Hildegard hergestellt und ist in Apotheken und Hildegardläden erhältlich. Rosenlakritze regt die Verdauungsvorgänge sanft an und besitzt nervenberuhigende Wirkung. Anwenden können Sie diesen Tee bei Magendruck, der aufgrund von Ärger oder unterdrückter Wut entstanden ist. Auch bei Magengeschwüren wird in der Naturheilkunde Süßholzwurzel (Lakritze) in mäßigen Mengen empfohlen.

Leinsamen-Rosenlakritz-Tee: Zwei Teelöffel zerstoßenen Leinsamen mit Wasser aufkochen, abkühlen lassen und den Leinsamen abfiltern. Geben Sie dem Aufguss einen Teelöffel Rosenlakritze bei. Bei diesem Tee liegt die Wirkkraft in einer intensiven Einschleimung des Magens und des Darms. Bei Magenschleimhautentzündung und Magengeschwür bzw. Darmproblemen sind zwei bis drei Tassen täglich empfehlenswert.

PERSÖNLICHKEITSENTWICKLUNG UND LEISTUNGSSTEIGERUNG

Innere Sicherheit, Gelassenheit, Stabilität und ein gutes Maß an Eigenliebe sind wesentliche Faktoren einer positiven Entwicklung der Persönlichkeit und des Erfolgs eines Menschen. Eine ganze Reihe von Beschwerden, die an der Persönlichkeit und Leistungsfähig-

keit »rütteln« können, sind schon besprochen worden, und vielleicht haben Sie bereits einige Tips für sich selbst gefunden. Im Kapitel »Persönlichkeitsentwicklung mit Rosen« finden Sie weitere Anregungen, wie Sie durch Meditation und positive Suggestionen neue Motivation wecken und innere Kraft entdecken und weiterentwickeln können. Denn, so schön es auch wäre – allein im Teeglas stecken sie nicht. Der entscheidende Schritt, das »Ich will, ich kann und ich werde« muss von Ihnen kommen. Was Ihnen die folgenden Tees dazu vermitteln können, sind die vielen kleinen Impulse, die Mutmacher, die Ankurbler, die Sie auf Ihrem Weg begleiten.

Mate-Hagebutten-Tee: Einen halben Teelöffel Mate, einen Teelöffel Hagebutte mit einer Tasse heißem Wasser aufgießen, fünf bis zehn Minuten ziehen lassen und abgießen. Zwei bis drei Tassen täglich trinken. Reich an Vitamin C und mehr als zwanzig Aminosäuren, bezeichnen die Lateinamerikaner »ihre« Heilpflanze Mate gern als »Grünes Gold«. In Anbetracht der stärkenden Wirkung auf Herz, Kreislauf und Magen ist der Ausdruck berechtigt. Die Hagebutte mit ihren vitalisierenden, blutreinigenden und erfrischenden Inhaltsstoffen macht diese Teemischung hilfreich, wenn man sich matt und ausgepumpt fühlt.

Lavendel-Rosenbad: Sechs Tropfen Lavendelöl und zwei Tropfen Rosenöl in etwas Pflanzenöl mischen und dieses in die bereits gefüllte Wanne geben und gut unter das Wasser (37-39 Grad) mischen. Etwa zehn bis 15 Minuten darin entspannen. In diesem Bad vereinigen sich sowohl krampflösende, beruhigende als auch belebende, aufbauende Inhaltsstoffe des Lavendels und der Rose. Nehmen Sie dieses Entspannungsbad zum Beispiel nach einem »Pech-Tag«. Sie werden rasch die regenerierende Wirkung des Bades fühlen und wie neugeboren aus dem Wasser steigen.

Rosen-Orangen-Tee: Aus je zwanzig Gramm Rosen- und Orangenblüten sowie aus 50 Gramm getrockneten Orangenstückchen eine Basismischung herstellen. Davon pro Tasse heißem Wasser einen gehäuften Teelöffel abnehmen, aufgießen und fünf bis zehn Minuten ziehen lassen. Abgießen und mit kreislaufaktivem Honig süßen. Rose wie Orange besitzen antidepressive Wirkung, die in diesem Tee zur Wirkung kommt. Er muntert auf in Zeiten, die einem schwer und mühsam vorkommen, in denen man kaum einen Fortschritt sehen kann. Dann hilft er, den Verdruss loszulassen und mit neuem Mut voranzugehen. Drei Tassen täglich trinken.

Rose-Weihrauch-Kopfmassage: 100 Milliliter Mandelöl, zwei Tropfen Rosenöl, zwei Tropfen Weihrauch gut mischen und in eine Flasche mit Pipettenverschluss einfüllen. Geben Sie von dem Rosen-Weihrauchöl etwas auf die Kopfhaut und massieren Sie sie mit langsamen kreisenden und ausstreichenden Griffen. Der Weihrauch bewirkt dabei eine vertiefte Atmung und verhilft zu klaren Erkenntnissen. Sie können diese Massage zum Beispiel vor einer Meditation durchführen und Geist und Sinne auf intensive Wahrnehmungen und Erkenntnisfähigkeit vorbereiten. Dieses Massageöl hilft, mutlose Verstimmungen auszugleichen, wie sie entstehen können, wenn man zwar Ideen hat, aber nicht weiß, wie man diese konkretisieren kann. Nach Kopfmassage und Meditation sollten Sie das Haar mit einem milden Shampoo waschen.

Rosen-Rosenholz-Ganzheitsöl: Je 50 Milliliter Hagebuttenkernöl, Jojobaöl und Mandelöl mit einem Tropfen Rosenöl, 5 Tropfen Rosenholzöl und zwei Tropfen Vanilleessenz mischen und in eine Flasche umfüllen. Dieses Öl umhüllt nicht nur Ihren Körper mit angenehmem Duft, sondern weckt auch die Konzentration und Kreativität, was auf das Rosenholzöl zurückzuführen ist. Das Rosenöl sorgt für innere Harmonie, die konsequent und durchsetzungsfähig macht. Vanille vermittelt das Gefühl innerer Sicherheit und Geborgenheit. Am besten gönnen Sie sich morgens eine Massage (evtl. Bürstenmassage) mit dem Rosen-Rosenholzöl, das macht fit für einen erfolgreichen Tag.

Pfefferminz-Rosen-Splash: Einen halben Liter Rosenwasser, je drei Tropfen Pfefferminze, Rosenholzöl und Grapefruitkernextrakt in eine Pumpsprayflasche geben (vor jedem Gebrauch gut schütteln) und im Kühlschrank aufbewahren. Sprühen Sie Ihren Körper nach dem Bad oder der Dusche mit dieser erfrischenden Lotion ab, und Sie werden bald selbst vor Vitalität sprühen.

PMS

Bis zwei Wochen vor Menstruationsbeginn können die Symptome des prämenstruellen Syndroms (PMS) einsetzen und die Tage vor »den Tagen« zur Qual machen. Im wahrsten Sinn des Wortes kann einem der Flüssigkeitsstau im Körpergewebe (in Beinen, Bauch, Gesicht) das Leben schwer machen. Bis zu zwei Kilo mehr Körpergewicht kann das angesammelte Gewebewasser ausmachen. Auch Kopfschmerzen bis hin zur Migräne und eine hohe Empfindlichkeit der Brüste können auftreten. Bauchschmerzen, Übelkeit, vermehrte Neigung zu Hautunreinheiten, Ausschlägen, Antriebslosigkeit, Depression, Reizbarkeit und Heißhunger werden beobachtet. Gegen das Zuviel an Körperflüssigkeit wirkt salzarme Kost. Salzfrei gekochter Reis, Äpfel, Ananas, Spargelgerichte etc. regen die Wasserausscheidung an und schaffen ein angenehmeres Körpergefühl. Auch zum PMS gibt es einige »rosige« Tips:

Frauenmantel-Rosentee: Je einen Teelöffel Frauenmantelkraut und Rosenblüten mit einer Tasse heißem Wasser übergießen, fünf bis zehn Minuten ziehen lassen. Abgießen. Trinken Sie den Tee zuckerlos, um nebenbei den Blähungen entgegenzuwirken. Zwei bis drei Tassen täglich.

Die Volksheilkunde setzt Frauenmantelkraut bei vielen Unterleibsleiden der Frau ein. Das Heilkraut enthält Wirkstoffe, die PMS-Beschwerden positiv beeinflussen, so beruhigende Gerbstoffe, verdauungswirksame Bitterstoffe und nervenausgleichendes Lecithin. Die Rose nimmt dem Tee zum einen seinen leicht bitteren Geschmack und fördert das seelische Wohlbefinden, das zu »PMS-Zeiten« häufig angeknackst ist.

Krampflösendes Sitzbad: Je fünfzig Gramm Frauenmantel, Eichenrinde und Zinnkraut in fünf Liter Wasser kurz aufkochen, dann zehn Minuten ziehen lassen. Den abgefilterten Auszug in eine Sitzbadewanne gießen, eine halbe Tasse Rosenwasser zugeben und ca. zehn Minuten sitzend baden. Danach ins vorgewärmte Bett legen.

Johanniskraut:-Rosentee: Je einen Teelöffel Johanniskraut und Rosenblüten mit einer Tasse heißem Wasser übergießen, fünf Minuten ziehen lassen und abseihen. Morgens und abends eine Tasse trinken. Depressive Verstimmungen, wie sie vor, aber auch während der Periode manchmal einsetzen, können Sie mit diesem Tee sehr gut ausgleichen. Zur antidepressiven Eigenschaft der Rose kommt der aufheiternd wirkende Stoff Hypericin im Johanniskraut zum Tragen. Als kleiner Nachteil ruft Hypericin eine erhöhte Lichtempfindlichkeit (Vorsicht beim Sonnenbad) hervor. Eine beruhigend-entkrampfende Wirkung hat Johanniskraut außerdem bei Gebärmutterkrämpfen, Entzündungen der Gebärmutterinnenwand und krampfartigen Beschwerden. Sie können diesem Tee noch eine kleine Prise Safran zugeben, das regt die Reinigung der Gebärmutter an.

Tee für reine Haut: Aus je zehn Gramm getrockneten Erdbeerblättern, Pfefferminze und Rosenblüten eine Basismischung herstellen. Davon pro Tasse heißem Wasser einen gehäuften Teelöffel entnehmen und übergießen. Für Minuten ziehen lassen, abseihen und zwei bis drei Tassen täglich trinken. Die Gerb- und Schleimstoffe, die organischen Säuren in Blättern und Wurzeln der Walderdbeere sowie ihre Mineralstoffe haben einen blutreinigenden und mild wasseranregenden Effekt. Die blutreinigende Wirkung der Rose und die krampflösenden und blähungswidrigen Eigenschaften der Pfefferminze ergänzen diesen Tee. Seine Wirkung spüren Sie am besten, wenn Sie vor und während der Tage mit Hautunreinheiten und Wasseransammlung zu kämpfen haben.

Gewebeentschlackung: 200 Gramm frische Erdbeeren fein pressen, bis ein flüssiges Mus entstanden ist. Einen bis zwei Teelöffel Rosenwasser in den Saft rühren und schluckweise trinken. Erdbeeren regen die Wasserausscheidung intensiv an (bei TK-Erdbeeren ist der Effekt nicht so stark) und reduzieren das Schweregefühl im Körper.

Ysop-Rosentee: Je einen Teelöffel Ysop-Kraut und Rosenblüten mit einer Tasse heißem Wasser aufgießen, fünf Minuten ziehen lassen, abseihen und in kleinen Schlucken trinken. Ein bis drei Tassen täglich. Durch seine Zusammensetzung an ätherischen Ölen, Glykosiden, organischen Säuren und Gerbstoffen bringt dieser Tee bei einigen typischen PMS-Beschwerden Erleichterung. Ysop-Rose mildert das Druckgefühl im Unterleib und fördert das Einsetzen der Regel. Die Mischung regt die Verdauungsorgane sanft an, wirkt entschleimend und blutreinigend. Wenn Sie noch einen Hauch Fenchel zugeben, kommen die blähungswidrigen, innerlich wärmenden und harmonisierenden Einflüsse dieser Heilpflanze hinzu.

Schuppenflechte

Das Erscheinungsbild der Schuppenflechte (Psoriasis) sind gerötete Hautstellen, die mit weißen Schuppen bedeckt sind. Auftreten kann die Schuppenflechte im Gesicht, am Körper sowie auf der Kopfhaut. Beim Entfernen der Schuppen kann es zu Blutungen kommen. Diese Hautkrankheit tritt meist in Schüben auf, Auslöser können Schockerlebnisse, Stress, aber auch Ernährungsfehler oder Lichtmangel sein. Milde Hautreinigung, regelmäßige und fettreiche Hautpflege sowie Sonnenbestrahlung in Maßen sind wichtige Punkte der äußeren Behandlung. Entspannungsübungen und vollwertige Ernährung tragen, wie die folgenden Rosenbehandlungen, ebenfalls zur Verbesserung des Leidens bei.

Eichenrinde-Rosenkompresse: Zwei Esslöffel zerkleinerte Eichenrinde mit einem halben Liter Wasser 15 Minuten lang aufkochen. Die Rinde abgießen und nach einer kurzen Abkühlphase fünf Esslöffel Rosenwasser und zwei Tropfen Rosenholzöl einrühren. Tränken Sie mit dieser Mischung ein kleines Handtuch, und legen Sie es ca. 15 Minuten auf die betroffene Hautstelle auf. Bei dieser Mischung kommen drei wichtige Eigenschaften zum Tragen: die zusammenziehende Wirkung der Eichenrinde schließt blutende Stellen nach dem Entfernen der Schuppen. Das Rosenwasser regt die normalen Hautfunktionen an, und das Rosenholzöl übt eine intensiv beruhigende Wirkung auf die gerötete und gereizte Haut aus.

Gersten-Rosen-Behandlung: Die Gerste bringt an hautfreundlichen Heilstoffen Stärke, pflanzliches Fett,

Enzyme und essentielle Fettsäuren mit ins Spiel. Sie ergänzt damit die harmonisierenden, reinigenden und beruhigenden Eigenschaften der Rose sehr gut. Beim Abkochen der Gerste bildet sich ein Schleim, den Sie für Waschungen und Auflagen verwenden können. Auf trockene, schuppige und gerötete Hautstellen hat der Gersten-Rosenschleim einen beruhigenden und nährenden Einfluss.

Äußere Behandlung: Drei Esslöffel Gerstenkörner im Mörser anquetschen, mit 150 Milliliter Wasser aufkochen und ein paar Minuten leicht quellen lassen. Lassen Sie die Gerste noch einige Zeit stehen, bis die Flüssigkeit eine gelartige Konsistenz hat. Dann wird die Gerste abgefiltert und ein Tropfen Rosenöl zugegeben. Tragen Sie das Gersten-Rosengel auf die zuvor gereinigte Haut auf, und lassen Sie es vollkommen einziehen. Sollte ein Rest Gel übrig bleiben, können Sie einige Stunden später noch eine zweite Pakkung auftragen.

SCHLAFSTÖRUNGEN

können auf unterschiedliche Weise auftreten. Bei den Einschlafstörungen kommt es zu quälend langem Wachliegen. Bei Durchschlafstörungen erwacht der Betroffene meist mitten in der Nacht und kann nur schwer wieder einschlafen. Bei Aufwachstörungen erwacht man sehr früh am Morgen, manchmal zwei Stunden vor dem Weckerklingeln und kann nicht mehr einschlafen. Auch die verminderte Schlaftiefe mit dem Gefühl des »Gerädertsein« am nächsten Morgen zählt zu dieser Symptomatik. Der Behandlungsansatz sollte ganzheitlich sein, also körperliche Krankheiten, zum Beispiel Kreislaufstörungen, Hirnverletzungen, Arterienverkalkung oder Organschäden, ebenso umfassen wie seelisch-nervöse Einflüsse durch Dauerstress, Reizüberflutung, Trauer etc. Nach einer zwei- bis dreiwöchigen Teekur mit schlaffördernden Kräutern sollten Sie eine mehrwöchige Pause einlegen.

Baldrian-Rosentee: Zwanzig Gramm Baldrianwurzel mit zehn Gramm Rosenblüten zu einer Basismischung zusammengeben. Davon pro Tasse heißem Wasser einen gehäuften Teelöffel abnehmen und übergießen. Nach zehn Minuten Ziehzeit abfiltern und nach Geschmack mit Honig süßen. Der Tee hilft, hektische Erregungszustände und nervöses Herzklopfen einzudämmen und dadurch leichter in den Schlaf zu finden. Seine charakteristisch beruhigende Eigenschaft wird durch das ätherische Öl Oleum Valerianae im Baldrian hervorgerufen, ferner tragen Gerb- und organische Säuren dazu bei. Trinken sie diesen Tee eine halbe Stunde vor dem Zubettgehen und beschäftigen Sie sich nur noch mit »leichter Kost« (keine Fernsehkrimis, heftige Diskussionen etc.)

Einschlafmassage: Vier Esslöffel Hagebuttenkernöl, zwei Tropfen Kamille, einen Tropfen Ylang-Ylang miteinander mischen und abends nach einer warmen Dusche den Körper damit massieren. Verzichten Sie auf eine knetende, tiefgreifende Bindegewebsmassage, da sie meist eher munter macht. Entspannender wirken ruhige, langsam geführte ausstreichende Griffe. Im Nacken sollten Sie vom Nakkenansatz her ausstreichend nach unten massieren, so reduzieren Sie das Druckgefühl im Kopf.

Einschlaf-Trio: Aus je zehn Gramm Rosen- und Lavendelblüten und 20 Gramm Baldrianwurzel eine Grundmischung herstellen. Davon pro Tasse heißem Wasser einen gehäuften Teelöffel abnehmen und übergießen, zehn Minuten ziehen lassen und mit (Lavendel-) Honig süßen. Diese sehr entspannende Teemischung eignet sich als später Feierabendtee. Trinken Sie ihn zum Beispiel nach einem anstrengenden Arbeitstag, um Stress und Hektik hinter sich zu lassen.

Lavendel-Rosenbad: Fünf Tropfen Lavendel und je drei Tropfen Rosenöl und Kamille in zwei Esslöffel Hagebuttenkernöl einrühren und das Öl in die bereits gefüllte Badewanne einrühren. Baden Sie etwa eine Viertelstunde darin – vielleicht bei entspannender Meditationsmusik. Stellen Sie sich nach dem Bad vor, wie all die Probleme, die Sie den Tag über wälzten, mit dem Wasser abfließen und Sie jetzt nicht mehr belasten. Hüllen Sie sich danach ins vorgewärmte Bett, und freuen Sie sich aufs »Sandmännchen«.

TRAUERBEWÄLTIGUNG

Durch den Tod eines geliebten Menschen nimmt eine Lebensphase ein abruptes Ende – selbst wenn durch lange Krankheit ein Todesfall zu erwarten war. Hoffnungslosigkeit, vielleicht Schuldgefühle, vermischt mit Lebensangst, manchmal sogar Todesangst können lange Zeit das Denken und Fühlen des/der Hinterbliebenen beherrschen. Auch das Ende einer Partnerschaft, der Wegzug der Kinder oder tiefgreifende persönliche Enttäuschungen, Krankheit, Behinderung und vieles mehr können Wunden hinterlassen, die ihre Zeit brauchen, um zu heilen. Warum gerade ich? Warum gerade das? Wie soll es weitergehen? Solche und ähnlich zermürbende Fragen bedrücken Gemüt und Gedanken. Der oft gegebene Ratschlag: »Denk nicht so viel darüber nach« von hilflos-wohlmeinenden Freunden wird instinktiv als falsch erkannt, denn die zutiefst erschütterte Seele muss sich jetzt mit dem traurigen Thema befassen, um wirklich zu heilen. Unterdrückte Trauer und verschüttete Gefühle dagegen können sich viele Jahre später als Krankheit manifestiert bemerkbar machen. Diese dann als Folge der ungelebten Trauer zu erkennen, ist meist ein langwieriger und ebenso schmerzhafter Prozess. Deshalb ist es wichtig, seine Trauer zu bearbeiten. Hilfreich und tröstend sind zum Beispiel Gruppengespräche unter Gleichgesinnten oder mit einem Psychotherapeuten. Auch eine ganze Reihe guter Literatur zum Thema Trauer und Lebensbewältigung in schwierigen Situationen helfen weiter. Ein wichtiger Schritt – und es ist der schwerste – in der Bewältigung der Trauer ist das Akzeptieren der Wirklichkeit. Es ist der Moment, an dem man an der Weggabelung »Neues Leben« steht und sich leise auf das Licht dieses Weges freut. In allen Phasen der Trauer können Rosen (-behandlungen) Ihnen als kleiner Lichtblick im Dunkel zur Seite stehen.

Rosenstrauß: Rosenduft ist wie heilender Balsam für ein trauriges Herz. Möglich, dass der Anblick der Rose auch Tränen fließen lassen kann, aber es sind erleichternde befreiende Tränen. Beginnen Sie mit einem kleinen wöchentlichen Ritual: Beschenken Sie Ihre traurige Seele, Ihren von den vielen gewälzten Fragen zermürbten Geist und Ihren schlaflosen Körper ganz bewusst mit einem Rosenstrauß. So geben Sie sich selbst wieder Zuwendung und Beachtung, die sich sonst hauptsächlich auf die traurige Situation konzentriert. Lassen Sie Körper, Geist und Seele regelmäßig während Rosenmeditationen »aufatmen« und Kraft schöpfen für die Zukunft.

Mandarinen-Rosen-Tee: Aus dreißig Gramm Mandarine und zehn Gramm Rosenblüten eine Basismischung herstellen und davon pro Tasse heißem Wasser zwei Teelöffel abnehmen. Zehn Minuten ziehen lassen und zwei bis drei Tassen täglich trinken. Dieser milde, fruchtig schmeckende Tee vermittelt warme, beruhigende und stimmungsaufhellende Impulse. Aus der Beruhigung heraus können dann neue Hoffnung und Mut wachsen. Gefühle der Geborgenheit vermittelt eine zusätzliche Prise Vanille. Unterstützen Sie Ihre Seele bei der Regeneration ferner mit positiven Suggestionen (siehe Kapitel »Positive Suggestionen«).

Mandarinen-Rosen-Körperöl mit Rhodonit: Je 50 Milliliter Aprikosenkernöl und Hagebuttenkernöl mit fünf Tropfen Mandarinenöl, zwei Tropfen Rosenöl und zwei Tropfen Zimtöl mischen. Geben Sie einen gereinigten und aufgeladenen Rhodonit-Edelstein in eine Flasche, und füllen Sie sie mit dem Ölgemisch auf. Nach einigen Stunden sind die heilsamen Schwingungen des Rhodonits an das Öl übergegangen. Dieser Stein vermittelt Ihnen Mut für einen Neubeginn. Er stärkt und heilt die Psyche und fördert damit die stimmungsaufhellenden Impulse der Mandarine und der Rose. Massieren Sie täglich Gesicht und Körper mit diesem fein duftenden Öl.

Grüner Tee mit Jasmin und Rose: Aus 50 Gramm Grüntee und je zehn Gramm Jasmin- und Rosenblüten eine Basismischung herstellen. Davon pro Tasse heißem Wasser zwei Teelöffel abnehmen, übergießen und fünf bis zehn Minuten ziehen lassen. Nach dem Abfiltern auf Wunsch mit Vanille oder Honig süßen. Dieser Tee führt sanft aus der »nebligen« Gedankenmühle heraus. Der grüne Tee weckt die Konzentration, so dass man auch wieder für andere Dinge aufnahmefähig wird. Jasmin und Rose lösen depressive Stimmungen auf und ebnen damit den Weg für neue Tatkraft.

VERDAUUNGSPROBLEME

Eine wichtige Gesundheitsvorsorge ist die regelmäßige Verdauung mit täglichem Stuhlgang. Nur so kann der Darm seiner Funktion nachkommen, den Organismus mit frischen Nährstoffen zu versorgen. In einem trägen oder sogar chronisch verstopften Darm sammeln sich dagegen Schlacken, die nach und nach die Darmwände verkleben. Es bilden sich Darmgifte, die ins Blut abgegeben werden und dann durch den gesamten Körper, sogar durch das Gehirn kreisen. Kein Wunder also, dass

Verstopfung, die Lebensqualität durch Bauchschmerzen, Krämpfe, Erschöpfung, geistige Abgeschlagenheit, Mundgeruch, Hämorrhoiden, unreine Haut etc. erheblich beeinträchtigen kann. Ständige Verstopfung lässt den Darm erschlaffen, schwächt das Immunsystem und kann sich auch in organischen Schäden, zum Beispiel in Leberschäden durch das vermehrte Giftaufkommen, niederschlagen. Während des ausschließlichen Teefastens wird der Darm von der Verdauungsschwerstarbeit befreit und muss sich nur um die Ausscheidung von Rückständen kümmern. Durch diese Generalreinigung werden die Selbstheilungskräfte des Darmes aktiviert und die Basis für eine normale Verdauungstätigkeit geschaffen. Ein wichtiger Schritt zur Darmgesundheit ist eine vollwertige, ballaststoffreiche Ernährung. Beachten sollten Sie, dass Ballaststoffe »durstig« sind. Um ihre darmaktivierende und gesundheitsfördernde Wirkung entwickeln zu können, benötigen sie viel Flüssigkeit. Deshalb: Ergänzen Sie Ihre ballaststoffreiche Ernährung durch zwei bis drei Liter Flüssigkeit – und so manchen dieser Tees.

Kümmel-Anis-Rosentee: Je einen halben Teelöffel Kreuzkümmel und Anis im Mörser anquetschen und zusammen mit einem gehäuften Teelöffel Rosenblüten mit heißem Wasser aufgießen. Zehn Minuten ziehen lassen, abseihen, und heiß und schluckweise trinken. Ätherische Öle, Stärke und Spurenelemente bewirken die magenstärkende und verdauunganregende Wirkung von Kümmel und Anis, ergänzt von der ebenfalls verdauungswirksamen und blutreinigenden Rose. Dieser Tee eignet sich vor, während oder nach einem schweren Essen, aber auch bei Darmträgheit, Blähungen bis hin zur Magenkolik.

Rosenmus: Zehn Gramm Rosenblüten, 20 Gramm Rosinen und 20 Gramm Trockenpflaumen ohne Stein in der Küchenmaschine zu einer musigen Masse zerkleinern. Nehmen Sie davon ein bis zwei Teelöffel abends als letzte Mahlzeit ein. Wenn Sie unter starker Verstopfung leiden, können Sie

der Mischung noch eine Messerspitze Anispulver zugeben. Dieses Rosenmus – nach einem indischen Rezept – regt die Darmtätigkeit mild an. Mit der Zugabe von Anis kommt noch eine krampflösende und blähungswidrige Komponente hinzu.

Rosen-Bauchkompresse: Einen Liter Rosenwasser erhitzen und drei Tropfen Kamillenöl einrühren. Tränken Sie ein Handtuch in der Flüssigkeit, und wickeln Sie es so warm wie möglich um den schmerzenden Bauch. Binden Sie ein trockenes Handtuch darüber und lassen die Kompresse aufliegen, so lange sie Ihnen warm erscheint. Decken Sie sich während der Zeit zu, und halten Sie auch die Füße, evtl. mit einer Bettflasche, warm. Die Auflage tut besonders wohl bei Magendruck und nervösen Darmreaktionen.

Rosen-Essigauflage: Einen halben Liter Rosenessig (siehe im Kapitel »Rosenfrische Gesichtswässer«) erhitzen, ein Tuch damit tränken und warm auf die Bauchfläche legen. Bedecken Sie die Auflage mit einem angewärmten Frottiertuch und lassen Sie die Kompresse aufliegen, so lange sie Ihnen warm erscheint. Wenden Sie die Rosenessigauflage bei Blähungen an. Die harmonisierenden und zusammenziehenden Wirkstoffe darin unterstützen deren Auflösung.

Apfelspeise: Zwei Esslöffel Rosenblüten mit einem halben Liter heißem Wasser übergießen und zehn Minuten ziehen lassen. Den Sud abfiltern und den abgekühlten Tee über eine Handvoll getrockneter Apfelringe gießen. Ideal ist, wenn Sie die Äpfel morgens ansetzen und die Mischung bis zum Abend in einer Schüssel zugedeckt ruhen lassen. Essen Sie am Abend ausschließlich die aufgesogenen, abgetropften Äpfel als Abendessen. Verzichten Sie auf andere Nahrungsmittel, und trinken Sie auch erst eine halbe Stunde nach der Apfelmahlzeit wieder etwas, zum Beispiel den restlichen Rosen-Apfeltee. So kann die pektinreiche Apfelmahlzeit ihre Wirkung voll entfalten. Das Pektin schleimt die Darmschlakken ein und fördert einen schmerzlosen Abgang der Verdauungsrückstände.

Verdauungstee: Je einen Teelöffel getrocknete Apfelstücke und Rosenblüten mit einer Tasse heißem Wasser übergießen. Zehn Minuten ziehen lassen, abfiltern und in kleinen Schlucken trinken, zwei bis drei Tassen täglich. Diesen verdauunganregenden Tee können Sie auch kalt (statt Wasser) am Morgen auf nüchternen Magen trinken.

Zahnfleisch- und Mundschleimhautentzündungen

Empfindliche, gerötete, bläschenbesetzte oder wunde Mundschleimhaut oder ebensolches Zahnfleisch kann auf verschiedene Ursachen zurückzuführen sein, zum Beispiel auf einseitige Ernährung und dem daraus resultierenden Vitamin- und Mineralstoffmangel. In Betracht kommen auch nicht intakte oder schlecht gepflegte Zähne, mechanische oder chemische Einflüsse (zum Beispiel falsches Zähneputzen und Zahnfüllungen), Infektionskrankheiten, Hormon- und Stoffwechselstörungen. Wenn einer oder mehrere dieser Gründe vorliegen, schwillt die Mundschleimhaut druckempfindlich an, rötet sich und neigt zu Blutungen. Ferner können Bläschen und Geschwüre entstehen, manchmal sogar begleitet von Fieber und einer Schwellung der Halslymphknoten. Eine wichtige Vorsorge- und Behandlungsmaßnahme ist, die Zahnbürste alle zwei Wochen zu wechseln. Dazwischen sollte sie bei Beschwerden, zum Beispiel bei Bläschen und kleinen Geschwüren (Aphthen) täglich desinfiziert werden. Als natürliches Antibiotikum eignet sich Grapefruitkernextrakt sehr gut. Geben Sie zehn Tropfen in ein Wasserglas, und stellen Sie die Zahnbürste einige Zeit hinein. Danach gründlich mit heißem Wasser abspülen.

Salbei-Rosenaufguss: Je drei Teelöffel Salbeiblätter und Rosenblüten mit einem viertel Liter heißem Wasser aufgießen, fünf Minuten ziehen lassen, abseihen und abkühlen lassen. Verwenden Sie den leicht abgekühlten Aufguss für Mundspülungen und zum Gurgeln. Die Menge reicht für zwei

Behandlungen täglich. Ätherische Öle, Kampfer, Gerb- und Bitterstoffe sowie Glykoside machen den schleimhautwirksamen Einfluss der Salbeipflanze aus. Die Rose hat regulierenden Einfluss auf das Speichelmilieu und harmonisiert die Mundschleimhaut.

Tinkturrezept: 20 Milliliter Myrrheessenz, zwei Tropfen Pfefferminzöl, zwei Tropfen Zypressenöl und einen Tropfen Rosenöl in eine verschließbare Flasche, am besten mit Pipettenverschluss füllen. Von der Mischung sechs bis acht Tropfen in ein Glas warmes Wasser für eine Mundspülung (dreimal täglich) geben.

Hagebutten-Rosen-Tee: Je einen Teelöffel getrocknete Hagebutten und Rosenblüten mit einer Tasse heißem Wasser übergießen, zehn Minuten ziehen lassen und abseihen. Trinken Sie drei bis vier Tassen Tee täglich ungesüßt, da Zuckerstoffe sich negativ auf die entzündeten Bereiche auswirken.

Die Früchte der Hagebutte sind reich an Inhaltsstoffen, so Vitamin C, organische Säuren, ätherisches Öl, Lecithin, Kieselsäure, und verschiedenen Mineralstoffen, die sich positiv auf die Wundheilung der Schleimhäute auswirken. Die Säuren von Hagebutte und Rose haben harnanregende und blutreinigende Wirkung. Mit diesem Tee können Sie sowohl äußerlich als auch innerlich reinigend auf die entzündeten oder empfindlichen Stellen in der Mundhöhle einwirken.

Rosenküche für Feinschmecker

Rosenblüten, Rosenwasser, Rosenöl und Hagebutten sind fantasievoll verfeinernde Rezeptzutaten, die die Geschmacksknospen der Zunge verwöhnen. Rosenzutaten versüßen so manche Kaffeetafel und setzen sich auf einer Snackplatte gekonnt in Szene. Mit Hagebutten können Sie einer würzigen Mahlzeit ein süß-pikantes i-Tüpfelchen aufsetzen oder dem Dessert eine blumig-geheimnisvolle Geschmacksnote verleihen. Haben Sie bei dieser Bandbreite Lust aufs Experimentieren bekommen? Dann finden Sie auf den folgenden Seiten viele Rezepte, die Sie zum Ausprobieren einladen sollen. Noch ein paar wichtige Punkte, bevor Sie zu Maßbecher und Kochlöffel greifen: Achten Sie beim Kauf der Rosenzutaten darauf, dass diese »Lebensmittelqualität« haben. Fragen Sie am besten in Kräuterdrogerien oder Apotheken. Pur angewendet eignet sich das intensive und kostbare ätherische Rosenöl nur für wenige Gerichte. Stellen Sie daraus am besten eine Vorratsmenge an Rosenwasser her. Dieses können Sie vielfältig in Ihren täglichen Speiseplan einbauen und außerdem für die tägliche Gesichts- und Körperpflege verwenden. Sie benötigen für einen bis eineinhalben Liter abgekochtes Wasser nur einen (!) Tropfen Rosenöl. Sehr gut eignet sich kohlensäurefreies Mineralwasser. Bewahren Sie das Rosenwasser in einer verschlossenen Flasche im Kühlschrank auf, und verbrauchen Sie es alsbald.

Frische Hagebutten gibt es manchmal auf dem Wochenmarkt, und ganz besonderen Spaß macht das Selbersammeln in der freien Natur. Wer bei Bekannten im Garten erntet, sollte sicherheitshalber abklären, ob die Rosen gespritzt wurden. Man verwendet natürlich nur ungespritzte Früchte. Getrocknete Hagebutten sind in manchen Reformhäusern oder in Bioläden erhältlich. Leider sind die meisten Trockenwaren nur klein geschnitten und mit den harten Kernen für den Teeaufguss erhältlich. Wenn Sie die Hagebutten für Gerichte verwenden möchten, sollten Sie die Kerne vorher entfernen. Geben Sie die Hagebutten dazu in ein weitmaschiges Sieb, und schütteln Sie die Kerne in eine Schüssel ab. Sie können sie noch zur Teezubereitung nutzen. Wie Sie feststellen werden, sind Hagebutten sehr variabel in den Speiseplan einzupassen. Es lohnt sich, öftermal einige Esslöffel getrockneter Früchte über Nacht (am besten in etwas Rosenwasser) einzuweichen und sie während des Tages für Süßes und Pikantes aufzubrauchen. Sie können mit Rosenwasser übrigens auch fertig käufliche Gerichte oder Nahrungsmittel aufwerten, in dem Sie es zum Beispiel in Früchtejoghurt, Quark- und Reisdesserts, in Konfitüren, in Fertigsalate etc. einrühren. Meist genügt bereits ein Teelöffel Rosenwasser, um ein Geschmacksplus zu erzielen.

Zum Frühstück oder zwischendurch

Erdbeerjoghurt

(für 1 Person)
150-250 g Naturjoghurt
1-2 Teelöffel Rosenwasser
2 Teelöffel Erdbeerkonzentrat (Reformhaus)

Den Naturjoghurt mit dem Rosenwasser glattrühren, auf Wunsch mit Honig süßen. Dann das Erdbeerkonzentrat locker einrühren, so dass Streifen und Muster im Joghurt entstehen.

Tip: Zur Erdbeerzeit können Sie dem Rosenwasser-Joghurt auch frische zerdrückte Früchte beigeben. Den überschüssigen Saft anderweitig verwenden, sonst wird der Joghurt sehr dünn.

Heidelbeer-Hagebutten-Joghurt

(für 1 Person)
150-250 g Naturjoghurt
1-2 Teelöffel Rosenwasser
1 gehäufter Esslöffel frische Heidelbeeren
1 gehäufter Esslöffel frische Hagebutten
1-2 Teelöffel milder Honig
1 Tropfen Vanilleöl

Heidelbeeren und Hagebutten säubern und klein zerdrücken. Den Joghurt mit Honig und Vanilleessenz glattrühren und die Früchte dazugeben.

Tip: Frische Vanillewaffeln mit Sahne sind die Krönung für diesen Joghurt und machen aus der Zwischendurchmahlzeit ein süßes Hauptgericht oder Dessert.

Reiswaffel-Müsli

(für 1 Person)
150-250 g Naturjoghurt
1 Teelöffel Rosenwasser
1 Esslöffel getrocknete Hagebutten
1-2 Teelöffel Orangenblütenhonig
1 Reiswaffel
1 Esslöffel feine Haferflocken
1-2 Teelöffel flüssige Sahne
1 Tropfen Vanilleöl
zum Süßen: 1-2 Teelöffel Apfeldicksaft

Die Hagebutten am Abend vorher mit dem Rosenwasser übergießen, den Honig dazurühren und über Nacht ziehen lassen. Am nächsten Morgen die Mischung in den Naturjoghurt einrühren. Haferflocken und die zerkleinerte Reiswaffel unterrühren und mit flüssiger Sahne übergießen.
Tip: Lassen Sie das Reiswaffel-Müsli einige Minuten bei Zimmertemperatur vor dem Essen ziehen, damit sich sein Geschmack voll entfalten kann.

Apfel-Joghurt-Müsli

(für 1 Person)
150-250 g Naturjoghurt
1-2 Teelöffel Rosenwasser
1/2 Apfel
1 Messerspitze Zimt
1 Tropfen Vanilleessenz
1 Esslöffel kernige Haferflocken
etwas Butter
zum Süßen: 1-2 Teelöffel Apfeldicksaft

Naturjoghurt mit Rosenwasser glattrühren. Butter, braunen Zucker, Vanilleessenz und Zimt in einer Pfanne erhitzen. Haferflocken zugeben und leicht anbräunen. Die Haferflocken ohne Fettreste erkalten lassen und schließlich mit dem kleingeschnittenen Apfel in den Rosenwasser-Joghurt einrühren.
Tip: Anstatt Apfel im Müsli schmeckt auch erkaltetes Hagebutten-Apfelmus (Rezept siehe »Süßes zum Naschen und Sattwerden«) dazu.

Cassis-Müsli

(für 1 Person)
150-250 g Naturjoghurt
1 Esslöffel Rosenwasser
30-50 g frische schwarze Johannisbeeren
oder 2-3 Teelöffel Johannisbeerkonzentrat
(Cassiskonzentrat)
1 Esslöffel feine,
1 Esslöffel kernige Haferflocken
1 Teelöffel gerösteten Amaranth
(Naturkostgeschäft)
zum Süßen: 1-2 Teelöffel Birnendicksaft

Johannisbeeren säubern und mit der Gabel zerdrücken. Rosenwasser und Birnendicksaft zugeben und mit den Haferflocken und dem Amaranth in den Joghurt rühren. **Tip:** Streuen Sie noch einen Teelöffel geröstete Haselnüsse über das Müsli, das schmeckt köstlich.

EXOTIK-JOGHURT

(für 1 Person)
150-250 g Naturjoghurt
1 Teelöffel Rosenwasser
1 Teelöffel Pina Colada-Aroma (Reformhaus)
1 Teelöffel Kokosflocken
zum Süßen: 1-2 Teelöffel Birnendicksaft

Den Naturjoghurt mit dem Rosenwasser und Birnendicksaft glattrühen, das Aroma und die Kokosflocken zugeben und den Joghurt etwa zehn Minuten vor dem Verzehr ziehen lassen.

Tip: Verzieren Sie den exotischen Joghurt mit einem Stück Ananas oder anderen Südfrüchten.

SOMMER-JOGHURT

(für 1 Person)
150-250 g Naturjoghurt
1-2 Teelöffel Rosenwasser
2-3 Teelöffel Pink-Grapefruit-Konzentrat (Naturkostgeschäft)
1/2 Teelöffel abgeriebene Schale einer unbehandelten Zitrone
1-2 Teelöffel Vanillezucker

Naturjoghurt mit Rosenwasser und Vanillezucker glattrühren. Grapefruitkonzentrat und Zitronenschale zugeben und einige Minuten vor dem Essen ziehen lassen.

Tip: Dieser zitrusfrische Joghurt bringt Schwung in die größte Sommerhitze. Ein hübscher und wohlschmeckender Effekt sind Pistazienkerne im Joghurt.

! **Extratip:** Probieren Sie mal, getrocknete (oder auch frische) Hagebutten in verschiedene Säfte einzulegen. Lecker entfaltet sich die individuelle Geschmacksnote der Hagebutten beispielsweise in Aprikosensaft, Maracujasaft, Orangensaft, Bananensaft, Johannisbeersaft oder Kirschsaft. Gelbe Säfte heben den süßen, honigartigen Geschmack der Hagebutten hervor. Dunkle, herbe Säfte lassen sie zu einem würzig-süßen Erlebnis werden. In dunkle Säfte eingelegte Hagebutten eignen sich gut als Beigabe für pikante Gerichte. Planen Sie etwa vier Stunden ein, die die Hagebutten im Saft ruhen sollten, um weich zu werden.

Süsse und pikante Suppen

Hagebuttensuppe

(für 2 Personen)
1 Tasse frische Hagebutten
(oder 1/2 Tasse getrocknete)
1/2 Tasse Wasser
3 Esslöffel Rosenwasser
1 Glas Rotwein
1 gestrichener Teelöffel Zimt
etwas Vanille
3 Esslöffel Zitronensaft
Kartoffelmehl zum Andicken
nach Belieben brauner Zucker oder Honig

Die Hagebutten reinigen, von den Kernen befreien und kleinschneiden. Mit Wasser, Rosenwasser und Rotwein kalt ansetzen (von den Kernen befreite Trockenware eine Stunde darin ziehen lassen), aufkochen. Dann die Temperatur zurückstellen und bei geringer Hitze köcheln lassen. Sobald die Hagebutten zerfallen, Zimt und Vanille beigeben und die Suppe mit Kartoffelmehl zur gewünschten Sämigkeit andicken.

Tip: Die Suppe schmeckt heiß und kalt, zum Beispiel zu Grieß- und Reisbrei, Pudding, über Quarkknödel, zum Kaiserschmarren oder einfach zu geröstetem Weißbrot. Ein Häubchen aus Creme Fraîche oder Sahne verleiht der Suppe außerdem das gewisse Etwas.

Süsse Dinkel-Hagebuttensuppe

(für 2-3 Personen)
1/2 Liter Wasser
1 Messerspitze Zimt
80 g Dinkelschrot
3 Esslöffel Rosinen
10 getrocknete Hagebutten oder
4 Esslöffel kleingeschnittene Früchte
1 Tasse Johannisbeersaft
Zucker bzw. Süßmittel nach Geschmack

Getrocknete Hagebutten einige Stunden in Johannisbeersaft einweichen. Das Wasser zum Kochen bringen, Dinkel einstreuen und ca. fünf Minuten leicht quellen lassen. Dann die Rosinen einstreuen, kurz zusammen aufkochen lassen. Die eingeweichten Hagebutten abfiltern und mit dem Zimt kurz vor dem Servieren (damit sie nicht zerkochen) der Suppe beigeben.

Tip: Probieren Sie einmal eine »beschwipste« Dinkelsuppe. Dazu den Johannisbeersaft mit einem Gläschen Cassislikör mischen und die Hagebutten darin über Nacht einweichen, wie beschrieben weiterverarbeiten.

Birnen-Rosensuppe

(für 2 Personen)
1/2 Liter Wasser
2-3 Esslöffel Rosenwasser
2 süße Birnen
1 Esslöffel Birnendicksaft
4 Esslöffel getrocknete Hagebutten
Saft einer halben Zitrone
50 ml Sahne
etwas Mondamin
2 Esslöffel geröstete Mandelscheiben
etwas Butter

Hagebutten mit Rosenwasser und Wasser übergießen, bis die Früchte bedeckt sind und zwei Stunden ziehen lassen. Die Birnen schälen, in Stücke schneiden und im restlichen Wasser erhitzen. Dann Hagebutten, Zitronensaft und Birnendicksaft zugeben. Wenn die Früchte zerfallen, Sahne einrühren und die Suppe mit etwas Kartoffelmehl andicken. Kurz vor dem Servieren die mit Butter angerösteten Mandelscheiben über die Suppe streuen.

Tip: Zu dieser Suppe passt Hefezopf. Sie können auch getoastete Reste von Hefezopf verwerten.

Pfifferling-Hagebuttensuppe

(für 3 Personen)
1/2 Liter Wasser
100 ml Vollmilch
100 ml Sahne
1 Gemüsebrühwürfel
250-300 g frische Pfifferlinge
2 Esslöffel Zwiebelwürfel
2 Esslöffel kleingeschnittene Petersilie
40 g gemahlener Weizen
1 Knoblauchzehe · Petersilie · Muskatnuss
6 Walnüsse
10 frische oder getrocknete bzw.
3 Esslöffel kleingeschnittene Hagebutten

Die Hagebutten in Kirschsaft einige Stunden einweichen. Pilze putzen, waschen, trockentupfen und mit Butter, Zwiebelwürfeln und Petersilie in der Pfanne andünsten. Wasser, Vollmilch und Gemüsebrühwürfel aufkochen lassen und Pilze, durchgedrückte Knoblauchzehe und abgetropfte Hagebutten in die Flüssigkeit rühren. Nach und nach die leicht angeschlagene Sahne unterziehen und die Suppe servieren.

Tip: Bei dieser Suppe können Sie Weißbrotreste verwerten. Das Brot wird dazu in Würfel geschnitten, in der Pfanne angeröstet und zur Suppe gereicht.

Avocado-Hagebuttensuppe

(für 2-3 Personen)
1/2 Liter Wasser
1 Gemüsebrühwürfel
2 Avocados
100 ml Sahne
200 g gewürfelten Tofu
etwas Pfeffer
2 Esslöffel Sesamsamen
10 Hagebutten oder 3-4 Esslöffel getrocknete kleingeschnittene Hagebutten
1 Glas Apfelsaft

Die Hagebutten einige Stunden in Apfelsaft ziehen lassen. Wasser und Gemüsebrühwürfel aufkochen und die Tofustücke hinzugeben. In der Zwischenzeit die Avocados entkernen, das Fruchtfleisch aus der Schale lösen und mit dem Mixer pürieren. Die Avocadomasse unter Rühren zur Brühe geben, zusammen erhitzen und heiß stellen. Sesamsamen mit etwas Butter anrösten. Die Hagebutten in die Suppe legen, kurz ziehen lassen und in Teller umfüllen. Die steif geschlagene Sahne kurz vor dem Servieren in die Suppe einrühren, das ergibt dekorative weiße Streifen. Die gerösteten Sesamsamen und eine Prise Pfeffer darüber streuen.

Tip: Sahnehaube in die Mitte setzen und eine Hagebutte obenauf dekorieren.

Extratip: Wenn die Suppe ein Hauptgericht werden soll, reichen Sie doch einmal geröstetes Weißbrot mit überbackenen Kräuter-Hagebutten dazu. Die getrockneten Hagebutten werden 1/2 Stunde in starke heiße Gemüse- oder Fleischbrühe gelegt, danach gut abtropfen lassen und mit einem Küchentuch abtupfen. Getrocknete oder frische Kräuter in Öl geben (am besten schon am Vortag), die Hagebutten dazu und mindestens 3 Stunden zusammen im Öl ziehen lassen. Dicke Weißbrotscheiben im Ofen kurz auf einer Seite anrösten, diese dann mit Mozarellascheiben belegen und 1-2 Teelöffel Kräuter-Hagebuttenmischung darauf verstreichen und im Ofen überbacken.

Salate

Herzhafter Kartoffelsalat

(ca. 4 Personen)
600 g Kartoffeln
2 Esslöffel Hagebutten
1 Esslöffel Rosenwasser
2 Esslöffel kleingewürfelter Speck
2 Esslöffel kleingehackte Walnüsse
1/2 Suppenwürfel
1/2 Tasse Wasser
4-8 Esslöffel Olivenöl
2 Esslöffel Apfelessig
1/2 kleingewürfelte Zwiebel
Kräuter nach Geschmack

Hagebutten einige Stunden in Rosenwasser und Essig ziehen lassen. Aus Öl, gehackten Zwiebeln, Nüssen, Speck und Kräutern eine Marinade bereiten und zu dem Hagebutten-Essig (samt Früchten) mischen. Zusammen mindestens zehn Minuten ziehen lassen. Währenddessen die erkalteten Kartoffeln in dünne Scheiben schneiden und mit der heißen Brühe übergießen. Danach die Marinade unterheben und den Salat an einem warmen Ort ziehen lassen.

Tip: Würzen Sie ggf. kurz vor dem Servieren noch mit Salz und Pfeffer nach. Hübsch fürs Auge ist eine Dekoration mit Eischeiben oder Oliven.

Hühnersalat mit Aha-Effekt

(ca. 2-3 Personen)
200 g gegartes, kleingeschnittenes Hühnerfleisch
3 Esslöffel getrocknete Hagebutten
1 Esslöffel Rosenwasser
3-4 Esslöffel Silberzwiebeln
2 hartgekochte Eier
2 Esslöffel Crème Fraîche
1 Esslöffel getrocknete Kräuter
2 Teelöffel Curry · 2 Esslöffel Olivenöl
1-2 Esslöffel Knoblauchessig

Die Hagebutten mit Rosenwasser und Essig übergießen, bis die Früchte bedeckt sind und einige Stunden ziehen lassen. Aus Curry, Crème Fraîche, Kräutern, und Olivenöl eine Marinade herstellen und mit dem Hagebutten-Essig (samt Früchten) mischen. Alles über Hühnchen und Eier geben und unterrühren.

Tip: Lassen Sie sich den Hühnersalat zu knusprigem Weißbrot oder getoastetem Kümmelbrot schmecken.

Herbstlicher Ackersalat

(für ca. 2 Personen)
100 g Ackersalat · 20 g Speckwürfel
5 Walnüsse · 1 hartgekochtes Ei
1-2 Esslöffel Knoblauchessig
2 Esslöffel Gemüsebrühe
1 Esslöffel Schnittlauch
2 Esslöffel Walnussöl
5 eingelegte Hagebutten (Rezept siehe bei »Hauptspeisen und Snacks«)

Aus Essig, Gemüsebrühe, Schnittlauch und Öl die Salatmarinade herstellen und den gesäuberten Ackersalat damit anrichten. Den Salat mit Eischeiben und eingelegten Hagebutten dekorieren und abschließend mit den kleingehackten Walnüssen bestreuen.
Tip: Dieser Ackersalat schmeckt auch als leichte Hauptmahlzeit zu warmem Brot.

Würzige Hagebutten-Vinaigrette

4-5 Esslöffel Gemüsebrühe
3 Esslöffel Olivenöl
1 Teelöffel mittelscharfer Senf
1 Esslöffel Salatkräuter
1-2 Esslöffel Walnussessig oder Apfelessig
1 Esslöffel fein geschnittene Zwiebel
1 klein geschnittene Gewürzgurke
2 gehäufte Esslöffel getrocknete Hagebutten

Hagebutten mit einem Esslöffel heißer Brühe und dem Essig einige Stunden ziehen lassen. Olivenöl und Senf gut miteinander vermischen und mit der restlichen Gemüsebrühe, Salatkräutern, Zwiebel- und Gurkenwürfeln zu den Hagebutten geben.
Tip: Die Soße schmeckt zu grünen Blattsalaten sowie zu Pellkartoffeln mit Butter. Als Variante können Sie diese Vinaigrette auch mit zwei Esslöffeln kleingewürfeltem Speck ansetzen.

Extratip:
Hagebutten schmecken nicht nur als Zutat im Salat, sondern können auch ein raffiniertes Geschmackshighlight zu Gegrilltem sein, das zum Salat gereicht wird. Bestreichen Sie hierzu ein fertig gegrilltes Steak, Schnitzel etc. auf der oberen Seite mit Hagebuttenmus und legen es nochmals kurz auf den Grill. Auf den nun heißen Hagebuttenaufstrich kommt schließlich ein Stück Kräuterbutter, was eine leckere Geschmacksharmonie ergibt. Für Nichtfleischesser: Auch auf gegrillten Kräuter- oder Räuchertofuscheiben ist Hagebuttenmus eine leckere Ergänzung.

Hauptspeisen und Snacks

Blumenkohl Vulkanausbruch

(scharf, für ca. 4 Personen)
1 Blumenkohl
4 Tomaten
50 g getrocknete Hagebutten
2 Karotten
10 entsteinte schwarze Oliven
3-4 rote Pepperoni
2 Knoblauchzehen
1 Tasse Gemüsebrühe
2 Esslöffel kleingeschnittenes Basilikum
1 Teelöffel Oregano
2 Esslöffel Tomatenmark
etwas Olivenöl
40 g geriebener Parmesankäse

Blumenkohl waschen, garen und mit einer Butterflocke obenauf im Backofen warmstellen. Alle Zutaten klein schneiden und zusammen mit den getrockneten Hagebutten und dem durchgedrückten Knoblauch in der Pfanne anbraten. Bei leichter Hitze ca. zehn Minuten im eigenen Saft schmoren lassen. Tomatenmark in der Brühe anrühren, über das Gemüse gießen und zusammen noch ein paar Minuten eindicken lassen. Dann den Parmesankäse zugeben und die rote Soße über den Blumenkohl gießen und servieren.

Tip: Zu diesem feurigen Blumenkohl schmeckt ein leichter kühler Weißwein.

Curry-Tofugulasch

(für ca. 2-3 Personen)
250 g Tofu
4 Esslöffel getrocknete Hagebutten
3 Esslöffel Rosinen
2 Scheiben Ananas
2 Karotten
1 kleine Zwiebel
1 Banane
200 ml Gemüsebrühe
100 ml Sahne
2 Esslöffel Indian Curry
3 Esslöffel Sesamöl

Karotten in feine Streifen schneiden und mit der kleingehackten Zwiebel in Pflanzenöl anbraten. Hagebutten, Rosinen und Ananasstückchen zugeben und eine halbe Stunde bei leichter Hitze garen lassen. Gewürfelten Tofu, kleingeschnittene Banane, Gemüsebrühe, Curry und flüssige Sahne zugeben und einige Minuten zusammen köcheln lassen, ggf. die Soße mit einer Prise Mehl andicken.

Tip: Zum Tofugulasch schmecken Basmatireis oder chinesische »Mie Nudeln« (im Asia-Shop erhältlich).

Hagebuttenbeilage

100 g ganze getrocknete Hagebutten
1 Esslöffel Rosenwasser
1 Tasse Johannisbeersaft
3 Esslöffel Ahornsirup
1 Esslöffel Zitronensaft
1/2 Teelöffel Senfmehl

Die getrockneten Hagebutten über Nacht in Johannisbeersaft und Rosenwasser einweichen. Am nächsten Tag die aufgesogenen Früchte mit dem restlichen Saft und Zitronensaft vorsichtig erhitzen, denn die Früchte sollten nicht zerfallen. Ahornsirup darübergießen, mit Senfmehl bestreuen und erkalten lassen.

Tip: Die Hagebutten können als Beilage (ähnlich wie Preiselbeeren) zum Wild gereicht werden. Auch lecker: über Ackersalat mit Walnüssen geben.

Eingelegte pikante Hagebutten

200 g ganze getrocknete oder frische Hagebutten
ca. 1 Tasse Olivenöl
4 Knoblauchzehen
5 Esslöffel Tomatenmark
frisches Basilikum
50 g geriebener Parmesankäse

Tomatenmark löffelweise mit dem Öl vermischen und frisch geschnittenes Basilikum und die durchgedrückte Knoblauchmasse zugeben. Die Hagebutten in eine verschließbare Schüssel füllen (frische Hagebutten zuvor entkernen) und das Olivenöl-Tomatengemisch darübergießen, so dass die Hagebutten davon bedeckt werden. Am Schluss den geriebenen Parmesankäse untermischen und alles zusammen etwa einen Tag bedeckt ziehen lassen.

Tip: Eingelegte Hagebutten schmecken köstlich zu Käsewürfeln, zu gebuttertem Toast oder Stangenweißbrot.

Schnelles Beilagen-Quartett

(für ca. 2-3 Personen)
1 Zucchini · 1 Fenchel · 4 Karotten
1/2 Tasse getrocknete Hagebutten
1 Teelöffel Rosenwasser · 1/2 Tasse Wasser
1/2 Brühwürfel · 1 Esslöffel Kreuzkümmel
1 Teelöffel Curry · etwas Butter
Kräuter nach Geschmack

Die Gemüse gründlich reinigen und klein schneiden. Die Karotten mit dem Gurkenschäler in lange Streifen schneiden. Butter in der Pfanne schmelzen und Kräuter, Hagebutten und Gemüse zugeben und zusammen anbraten. Wasser, zerkrümelten Brühwürfel und Kreuzkümmel zugeben und zusammen bei kleinster Hitze ca. acht bis zehn Minuten köcheln lassen. Nach Bedarf mit Curry würzen und servieren.

Tip: Schmeckt toll zu Reis, aber auch zu Spaghetti mit Parmesankäse und Knoblauch.

! **Extratip:** Hagebutten können aus einer »normalen« Soße eine Besonderheit machen. Mit ihnen als Zugabe wird ein einfaches »Nudeln-mit-Soße« Gericht zur leckeren Spezialität. Dunkle Soßen, zum Beispiel Gulasch- oder Bratensoßen bekommen mit Hagebutten (ca. 2 Esslöffel trockene oder frische kleingeschnittene Früchte zugeben) eine mild-würzige Note. Auch eine weiße Schinken-Sahne-Soße für Spaghetti bekommt durch die Hagebuttenzugabe eine raffinierte, fruchtig-würzige Geschmacksnote.

Süsses zum Naschen und Sattwerden

Hagebutten-Apfelmus

(für 2-3 Personen)
4-5 Esslöffel getrocknete Hagebutten
3 säuerlich-würzige Äpfel
(sehr gut: Elstar oder Boskop)
3 Esslöffel Rosenwasser
1 Esslöffel Apfeldicksaft
1 Tropfen Vanilleöl

Die Hagebutten mit den kleingeschnittenen Äpfeln und dem Rosenwasser in einen Topf geben. Kurz aufkochen lassen, dann bei kleiner Hitze köcheln lassen. Ab und zu umrühren, ggf. noch etwas Wasser nachgießen. Garen lassen, bis die Apfelscheiben weich werden und zerfallen. Da beide Früchte zuckerhaltig sind, ist das Süßen im Grunde unnötig. Wenn Sie es aber gern süßer haben, rundet der Geschmack von Apfeldicksaft das Mus gut ab.

Tip: Zu Vanillepudding reichen, zu Omelette oder zu Bratengerichten wie Wild, Ente oder Rind.

Hagebuttenmus mit Schuss

500 g frische Hagebutten
500 g Zucker
1/8 Liter Rotwein
2 Esslöffel Rosenwasser

Die Hagebutten entkernen, mit dem Rotwein übergießen und diese Mischung eine Woche an einem kühlen dunklen Ort ziehen lassen. Während dieser Zeit werden die Früchte weich und lassen sich durch ein Sieb streichen. Die musige Rotweinmischung (ohne Schalen) mit dem Zucker aufkochen bis sie eindickt, dann in Marmeladengläser umfüllen.

Tip: Kombinieren Sie Hagebutten mit anderen Früchten, zum Beispiel mit getrockneten Aprikosen. Die Trockenfrüchte sehr klein schneiden und mit den Hagebutten einweichen und weiterverarbeiten. Das Mus schmeckt zu Omelettes, aber auch als Dip zu rohem Schinken oder gebackenem Käse.

LUFTIGES VANILLE-ROSEN-OMELETT

(für 2 Personen)
3 Eier getrennt
2 Esslöffel Mehl
je 1 Esslöffel Rosenwasser und Zitronensaft
1 Tropfen Vanilleöl
1 Päckchen Vanillezucker

Das Eiweiß mit dem Vanillezucker und der Vanilleessenz zu festem Schaum schlagen. Eigelbe und Mehl, Rosenwasser und Zitronensaft mit dem Schaumschläger gut mischen. Dann das Eiweiß unter die Eimasse geben und in der Pfanne braten.
Tip: Wenn es mal schnell gehen muss, ist dieses Omelett ideal. Es schmeckt »solo« ebenso wie zu Hagebutten-Apfelmus.

SOMMERERNTE OBSTSALAT

(für 2 Personen)
2 Esslöffel getrocknete Hagebutten
4 Aprikosen · 1 Orange
1 Esslöffel Rosenwasser
4 Esslöffel Apfelsaft
1 Apfel · 1 Banane
2 Esslöffel Ahornsirup
5 Walnüsse
2 Esslöffel Pistazien

Die Hagebutten mit Rosenwasser und Apfelsaft übergießen und eine Stunde weich werden lassen. Inzwischen die restlichen Früchte zerschneiden, die Walnüsse kleinhacken, dann die Hagebutten mit dem restlichen Saft und den Pistazien unterheben. **Tip:** Dekorieren Sie den Obstsalat mit einer Sahnehaube.

ROSEN-VANILLECREME

(für ca. 4 Personen)
1 Päckchen Bourbon-Vanillepudding
500 ml Milch
1 Eigelb
2 Esslöffel Zucker
2 Teelöffel Rosenwasser
1 Teelöffel Butter

Von der Milch vier Esslöffel abnehmen und zusammen mit dem Eigelb den Vanillepudding glattrühen. Restliche Milch mit dem Zucker kurz aufkochen lassen und von der Platte nehmen. Das angerührte Pulver mit dem Schneebesen unter ständigem Rühren dazugeben und unter Rühren nochmals kurz aufkochen lassen. In die fester werdende Masse das Rosenwasser einrühren sowie die Butterflocke.
Tip: Durch die Butter wird der Pudding cremiger. Dazu schmecken knusprige Waffelröllchen und frisch geschlagene Sahne.

Süsser Kamin-Snack

Frische ganze Hagebutten
(Menge nach Wunsch)
3-4 Esslöffel Rosenwasser
Wasser
Walnüsse
Pistazien
2 Esslöffel Ahornsirup

Hagebutten entkernen, mit Rosenwasser übergießen und eine halbe Stunde ziehen lassen. Walnüsse und Pistazien in Ahornsirup tunken und in die Hagebutten füllen. Ein Kuchenblech mit Backpapier auslegen und die gefüllten Hagebutten darauf legen. Bei ca. 120 Grad zehn Minuten schmoren lassen. **Tip:** Warm, aber nicht heiß servieren. Ein köstlicher Snack, der wie geschaffen ist, gesellige Abende im Freundeskreis zu versüßen.

Süsser Reis

200 g Rundkornreis
oder Basmatireis
1 Prise Safran
Zimt nach Geschmack
100 g Zucker
1-2 Tropfen Vanilleöl
5 Esslöffel Rosenwasser
3 Esslöffel Sesamöl

Den Reis waschen und abgießen. Öl in der Pfanne erhitzen und den (harten) Reis einrühren und kurz andünsten. Zucker, Vanillezucker und Safran mischen, in den Reis rühren und das Ganze mit 500 bis 600 Milliliter Wasser auffüllen. Den Reis bei kleiner Hitze und geschlossenem Deckel etwa dreißig Minuten ziehen lassen, ab und zu umrühren. Gegen Ende der Garzeit das Rosenwasser einrühren und den Reis auf einer Platte anrichten und mit Zimt bestreuen.
Tip: Der süße Reis passt zu einer pikanten Currysoße, zu Salat oder zu frischem exotischem Obstsalat mit Ananas.

Hagebuttenmus

500 g frische Hagebutten
400 g Zucker
1/2 Tasse Wasser
2 Esslöffel Rosenwasser

Die Hagebutten entkernen und fein geschnitten mit Wasser, Rosenwasser und Zucker in einen Topf geben. Zusammen aufkochen und ziehen lassen, bis die Früchte zerfallen. Bei kleiner Hitze eindicken lassen und in Gläser umfüllen.
Tip: Schmeckt lecker als süßer Brotaufstrich, zu Eis, aber auch zu kaltem Braten oder kaltem Huhn.

Hagebuttencreme

(für 4-6 Personen)
500 g frische Hagebutten
250 ml Wasser
1 Glas Weißwein
4 frische Eier
abgeriebene Schale einer unbehandelten Zitrone
150 g Zucker · 2 Vanillezucker
6-7 Blatt weiße Gelatine
250 ml Sahne

Die Hagebutten entkernen und klein schneiden. Mit Wasser und Weißwein köcheln lassen, bis die Früchte musig zerfallen. In der Zwischenzeit die Eiweiße und die Sahne steif schlagen. Eigelb, Zucker, Vanillezucker und Zitronenschale schaumig rühren und die Hälfte des Muses untermischen. Unter ständigem Rühren die zuvor in Wasser aufgelöste Gelatine zugeben. Zwei Drittel der Sahne unter das Eiweiß rühren und das Gemisch unter die Musmasse rühren und die Creme kaltstellen.
Tip: Mit der restlichen Sahne und dem restlichen Mus die Cremespeise dekorieren.

Vanille-Eistraum

300 ml Vollmilch
1 Vanillestange oder
5 Tropfen Vanilleöl
3 Eier, getrennt
100 g Rohrzucker
600 ml Sahne
1 Tropfen Rosenöl

Milch mit Vanillestange langsam erhitzen und, einige Minuten von der Platte genommen, ziehen lassen. Eigelb und Zucker verrühren und unter ständigem Rühren die heiße Milch zugeben. Sollten Sie Vanilleöl verwenden, dieses jetzt der Milch zugeben. Die Milch-Eigelbmischung wieder zurück auf den Herd stellen und langsam erhitzen, bis die Masse eindickt. Danach in einen verschließbaren Gefrierbehälter umfüllen, abkühlen lassen, jetzt das Rosenöl einrühren und ca. eine Stunde (bis die Ecken fest werden) in das Eisfach stellen. In der Zwischenzeit die Sahne steifschlagen. Den Behälter aus dem Gefrierfach nehmen, die Masse nochmals glattrühren, die Sahne unterheben und das Gefäß eine weitere Stunde ins Eisfach stellen. Eiweiß steif schlagen, unter das Eis rühren, das dann nach zwei bis drei Stunden Gefrierzeit servierbereit ist.
Tip: Geben Sie zwei bis drei Esslöffel erhitztes Hagebuttenmus (siehe Rezept) über das Eis.

Eisige Versuchung

225 g schwarze Johannisbeeren
4 Esslöffel Rosenwasser
250 ml Wasser
1 Teelöffel Zitronensaft
300 ml Sahne
2 Eiweiß
100 g brauner Rohrzucker

Johannisbeeren, Zucker, Rosenwasser und Wasser langsam erhitzen, bis sich der Zucker gelöst hat. Zehn Minuten leicht erwärmen und wieder abkühlen lassen. Die dickflüssige Masse durch ein Sieb in ein Gefriergefäß abgießen, so dass die Johannisbeerkerne zurückbleiben. Zitronensaft unterrühren und die Mischung eine Stunde, bis die Ecken fest werden, ins Eisfach stellen. Zwischenzeitlich die Sahne steifschlagen, in die Eismasse rühren und eine weitere Stunde auf Eis stellen. Danach Eiweiß steifschlagen, unter die Masse ziehen und den Behälter ins Gefrierfach zurückstellen. Nach zwei bis drei Stunden ist das Eis fest und kann portioniert werden.

Tip: Dazu schmeckt leicht angeschlagene (nur schaumig gerührt), mit Vanille gesüßte Sahne oder auch heiße Zimt-Hagebutten.

Orientalisches Rosensorbet

(für ca. 4 Personen)
220 g Zucker
1 Eiweiß
3 Esslöffel Rosenwasser
1 Packung Vanillezucker
1/4 Liter Wasser
1/2 Glas Orangensaft
1/2 Orange
1 Esslöffel Zitronensaft
2 Teelöffel Pfefferkörner

Wasser und Zucker aufkochen und den Topf von der Platte nehmen. Rosenwasser, Orangen- und Zitronensaft und Pfeffer einrühren und abkühlen lassen. Die Orange von den Häutchen befreien und in kleinen Stücken der Flüssigkeit zugeben. Das Eiweiß steifschlagen, unter die erkaltete Flüssigkeit ziehen und die Schaumspeise zwei Stunden in den Gefrierschrank stellen (ca. 40 Minuten in der Eismaschine). Während der Gefrierphase mehrmals mit dem Schneebesen umrühren.

Tip: Diese leichte Süßspeise befriedigt an heißen Sommertagen den süßen Appetit, ohne zu beschweren.

Schnelle Rote Grütze

(für ca. 4 Personen)
1 Päckchen Rote Grütze
450 ml Johannisbeernektar
4 Esslöffel Rosenwasser

Das Grützenpulver mit dem Rosenwasser glattrühren und den Johannisbeernektar kurz aufkochen lassen. Mit einem Schneebesen das angerührte Pulver einrühren bis die Flüssigkeit dick und klar wird. In dekorative Schalen umfüllen, kaltstellen und mit flüssiger oder steifgeschlagener Sahne servieren.

Tip: Johannisbeere und Rose verbinden sich zu einer intensiv fruchtigen Geschmacksharmonie. Ein köstliches Rezept für schnelle Dessertfreuden.

Zimt-Hagebutten

50 g getrocknete Hagebutten
200 g getrocknete Zwetschgen
3 Esslöffel Rosenwasser
2 Esslöffel Cointreau
1 Esslöffel Zucker
1 Vanillezucker
1 gestrichener Teelöffel Zimt
etwas Butter

Hagebutten in Rosenwasser eine halbe Stunde ziehen lassen. Butter, Zucker und Vanillezucker in der Pfanne leicht erhitzen. Die kleingeschnittenen Zwetschgen und die abgetropften Hagebutten zugeben und heiß gestellt kurz zusammen ziehen lassen. Zimt darüber streuen, mit Cointreau übergießen und umrühren. Weitere fünf Minuten ziehen lassen und löffelweise heiß über Süßspeisen geben.

Tip: Die Zimt-Hagebutten schmecken sehr gut zum beschriebenen Johannisbeereis, der »Eisigen Versuchung«.

! **Extratip:** Sie möchten ein ebenso leckeres wie »schnelles« Dessert zubereiten? Wie wäre es mit Vanilleeis und einer fruchtigen Schokosoße? Kochen Sie ca. 1/2 Tasse getrocknete oder frische Hagebutten in Orangensaft auf und gießen Sie den Saft ab. Gleichzeitig die Schokosoße erhitzen und die abgetropften Früchte unterrühren. Dann die Soße über die Eisportionen geben und mit Sahne verzieren.

Kuchen

Apfel-Rosenkuchen

250 g Mehl
100 g Margarine
1 Eigelb
50 g Zucker
1 Messerspitze Salz
2 Esslöffel Rosenwasser
Belag/Füllmasse: 500 bis 600 g säuerliche Äpfel (zum Beispiel Elstar)
3 Esslöffel Rosenwasser
Saft einer halben Zitrone
100 g Zucker
1 Vanillezucker
3 Eier
1 Päckchen Vanillepudding
200 g saure Sahne
4 Teelöffel Pink-Grapefruitkonzentrat (Naturkostgeschäft)
einige getrocknete oder frische Rosenblätter

Aus Mehl, Eigelb, Margarine, Zucker und Rosenwasser einen Mürbeteig herstellen und diesen in Backpapier gewickelt ein bis zwei Stunden im Kühlschrank ruhen lassen. In der Zwischenzeit die Äpfel in dünne Scheiben schneiden und mit Zitronensaft beträufeln. Den Teig ausrollen, in eine runde Kuchenform legen und aus einem Teil des Teiges den Kuchenrand formen. Den Kuchenboden mit einer Gabel mehrmals einstechen und die Apfelscheiben auflegen. Backofen auf 200 Grad vorheizen, und den Kuchen auf der zweiten Schiebeleiste von unten 25 Minuten backen (Umluft 180 Grad). Inzwischen die Füllmasse zubereiten. Dazu Zucker, Vanillezucker und Eier schaumig rühren. Vanillepudding mit Rosenwasser, Grapefruitkonzentrat und dem restlichen Zitronensaft anrühren und zugeben, ebenso die saure Sahne. Den halbgebackenen Kuchen aus dem Ofen nehmen und die Ei-Vanille-Masse langsam über die Äpfel gießen. Danach noch einmal ca. 50 Minuten bei 180 Grad backen lassen.

Tip: Nach dem Erkalten den Kuchen mit den Rosenblüten verzieren.

Orangen-Mandeltorte

7 Eier, getrennt
250 g Zucker
1 Vanillezucker
abgeriebene Schale und
Saft von 2 unbehandelten Orangen
1 Esslöffel Rosenwasser
30 g Mehl
80 g Bisquitbrösel
250 g geriebene Mandeln
Belag: 200 g Orangengelee
2 Esslöffel Rosenwasser
100 g geröstete Mandelblättchen

Eigelbe mit der Hälfte des Zuckers schaumig rühren. Geriebene Orangenschalen, Orangensaft und Rosenwasser zugeben. Eiweiße mit dem restlichen Zucker steif schlagen und unter die Eigelbmasse heben. Das Mehl darübersieben und mit Mandeln und Biskuitbröseln unterrühren. Die schaumige Masse in eine runde gefettete Kuchenform füllen. Backofen auf 200 Grad vorheizen und den Kuchen auf der zweiten Schiebeleiste von unten 40 bis 50 Minuten bei 200 Grad backen (Umluft 180 Grad). Danach den Kuchen erkalten lassen und währenddessen die Mandelblättchen mit etwas Sonnenblumenöl anrösten. Die Orangenmarmelade mit dem Rosenwasser glattrühren und erhitzen. Auf den fertigen Kuchen streichen und die gerösteten Mandelblättchen darüberstreuen.
Tip: Mit sieben bis zehn kandierten Rosen oder Marzipan-Rosen können Sie den Kuchen effektvoll dekorieren.

Rosenkekse

500 g Mehl
1/2 Päckchen Backpulver
250 g Butter
1 Ei · 1 Eigelb
200 g Zucker
2 Vanillezucker
abgeriebene Schale von 1/2 Zitrone
5 Esslöffel Rosenwasser
Für den Guss: 1 Eigelb
2 Teelöffel flüssige Sahne

Aus den Kekszutaten einen Mürbeteig herstellen und diesen einen halben Tag im Kühlschrank ruhen lassen. Danach noch einmal kurz durchkneten und ausrollen. Den Teig mit Förmchen ausstechen und diese auf ein mit Backpapier ausgelegtes Backblech legen. Das Eigelb mit der Sahne verquirlen und mit einem Pinsel auf die Kekse auftragen. Im Backofen bei 150 Grad ca. zehn bis 15 Minuten backen lassen.
Tip: Als süßes Geschenk, zum Beispiel in Herzform, sind die Rosen-Butterkekse immer willkommen.

Kokoscremekuchen

200 g Mehl
100 g Margarine
1 Eigelb
50 g Zucker
1 Messerspitze Salz
2 Esslöffel Rosenwasser
Füllung: 3 Eier
200 g saure Sahne
100 g Kokosflocken
1 Packung Vanillepudding
1-2 Esslöffel Rosenwasser

Aus Mehl, Margarine, Eigelb, Zucker, Salz und Rosenwasser einen Mürbeteig herstellen und ein bis zwei Stunden bedeckt im Kühlschrank ruhen lassen. Danach ausrollen und eine runde Kuchenform damit auslegen und Seitenränder überstehen lassen. Vanillepudding mit Rosenwasser anrühren und mit den anderen Füllungszutaten mischen. Die Masse auf den Teig füllen und die Seitenränder bis zur Füllhöhe hinunterdrücken. Backofen auf 200 Grad vorheizen und den Kuchen auf der mittleren Backschiene bei 180 Grad ca. 60 Minuten backen.
Tip: Verzieren Sie den Kuchen mit Sahnehäubchen und Kokosraspeln.

Extratip: Der fertig gekaufte Sandkuchen soll eine persönliche Note bekommen? Bereiten Sie eine Creme aus Quark, Sahne und Früchten zu, und man wird »Ihren« Sandkuchen lieben. 1/2 Tasse Hagebutten in Aprikosensaft und einem Teelöffel Rosenwasser ansetzen und mehrere Stunden ziehen lassen. Den restlichen Saft abgießen und die Hagebutten zu den anderen gewünschten Früchten, zum Beispiel Apfel-, Mango- und Bananenstückchen, geben. Quark mit Vanillezucker leicht süßen und einen Becher Sahne sehr steif schlagen und unter den Quark rühren. Dann die Früchte locker unterheben und die Creme zum Kuchen servieren.

Drinks mit und ohne Promille

Hagebuttenwein

1 kg frische Hagebutten
2 Liter abgekochtes, abgekühltes Wasser
5 Esslöffel Rosenwasser
1 kg Rohrzucker

Die Hagebutten waschen und Stiele und Blattkrone entfernen und in einen Krug mit weitem Hals geben. Den Zucker in Wasser und Rosenwasser völlig auflösen und das Zuckerwasser über die Hagebutten gießen. Über die Öffnung des Kruges ein Leinentuch binden und den Inhalt ca. zehn Tage gären lassen. Danach die Hagebutten ausquetschen und mehrmals abfiltern. Dann den Wein in Flaschen abfüllen und gut verschlossen kühl und dunkel lagern.

Tip: Zur ganzheitlichen Vitalisierung und Abwehrstärkung täglich ein Likörglas voll trinken.

Hagebuttenlikör

750 g frische Hagebutten
2 Stangen Zimt
1 1/2 Liter Obstschnaps
(geschmacklich gut: Aprikosenschnaps)
3 Esslöffel Rosenwasser
500 g Rohrzucker
1 Tasse Wasser

Die gesäuberten Hagebutten halbieren, Zimtstangen zugeben, mit dem Schnaps übergießen und zehn Tage ziehen lassen. Eine Tasse Wasser abkochen, das Rosenwasser zugeben und den Rohrzucker völlig darin auflösen. Hagebutten und Zimt ausquetschen und mehrmals abfiltern. Das Zuckerwasser zu dem Schnaps geben, gut untermischen und in Flaschen abfüllen.

Tip: Täglich ein Likörglas bei akuter Erkältung oder zur Grippevorbeugung trinken.

Geniesser-Shake

(für 2 Personen)
200 ml Birnensaft
150 ml Bananensaft
50 ml flüssige Sahne · 20 ml Kokosmark
1 Esslöffel Rosenwasser

Alle Zutaten im Mixer gut aufschütteln und den cremig-schaumigen Drink in bauchige Gläser füllen. Mit Trinkhalm servieren.
Tip: Für besonders liebe Gäste, denn sie werden von diesem Drink nicht genug bekommen können.

Sommer-Drink

(für 2 Personen)
500 ml Apfelsaft
je 1 Esslöffel Rosenwasser,
Zitronensaft und Grenadine
2 Esslöffel geschlagene Sahne

Alle Zutaten (außer der Sahne) in den Mixer geben, gut schütteln, in Gläser umfüllen und je mit einem Esslöffel geschlagener Sahne verzieren.
Tip: Schmeckt fruchtig erfrischend an heißen Sommertagen.

Fruchtiger Inseltraum

(für den großen Durst)
750 ml Orangensaft · 100 ml Grenadine
Saft einer halben Zitrone
2-3 Esslöffel Rosenwasser
2 Esslöffel Hagebuttenmus
(Rezept bei »Hauptspeisen und Snacks«)
200 ml kaltes Mineralwasser mit Kohlensäure

Zitronensaft, Grenadine, Rosenwasser und Hagebuttenmus in eine Karaffe füllen. Orangensaft einrühren und am Schluss das Mineralwasser zugeben.
Tip: Mit einem Minzesträußchen dekorieren.

Rosentee zu jederzeit

Rosen-Entspannungstee

(1 Person)
1 Teelöffel grüner Tee
etwas Vanille aus der Schote kratzen
1 Teelöffel getrocknete Rosenblüten

Die Teeblätter und Rosenblüten mit heißem, aber nicht kochendem Wasser aufgießen und fünf bis zehn Minuten ziehen lassen. Dann die ausgekratzte Vanille unter Rühren auflösen, evtl. mit mildem Honig süßen.

Tip: Dieser Tee hat einen angenehm weichen, sanften Geschmack. Er fördert die Entspannung nach einem anstrengenden Tag, ohne schläfrig zu machen.

Aladins Wundertee

(1 Person)
1 Teelöffel schwarzer Tee
1 kleine Prise Kardamom
1 kleine Prise Safran
1 Teelöffel Rosenwasser

Den Tee mit Kardamom und Safran mischen und mit kochendem Wasser übergießen und zehn Minuten ziehen lassen. Dann das Rosenwasser einrühren und auf Wunsch mit würzigem dunklem Tannenhonig süßen.

Tip: Ein sehr kraftvoller geschmacksintensiver Tee, der einen gewissen »Weckeffekt« besitzt und Ihnen ruhige Ausdauer vermittelt.

Süsse Erfrischung

1 Teelöffel Apfelschalentee
1 Teelöffel Grapefruitkonzentrat (Naturkostgeschäft)
1 Teelöffel Rosenwasser

Den Apfelschalentee mit heißem Wasser übergießen und zehn Minuten ziehen lassen. Danach die Fruchtschalen abfiltern und Grapefruitkonzentrat und Rosenwasser einrühren.

Tip: Durst hat bei diesem Tee keine Chance mehr. Er kurbelt außerdem die Lebensgeister an, schärft die Sinne und fördert die Konzentrationsfähigkeit.

Rosen-Waldbeerentee

50 g getrocknete Rosenblätter
je 30 g getrocknete Heidelbeeren
und schwarze Johannisbeeren
10 g getrocknete Zitronenmelisse

Aus den Teesorten eine Mischung herstellen. Von dieser pro Tasse heißem Wasser einen Teelöffel abnehmen. Vor dem Aufgießen die Beeren kurz anquetschen (es macht nichts, wenn dadurch auch die Melisse etwas zerbröckelt). Den Tee zehn Minuten ziehen lassen und nach dem Abseihen auf Wunsch mit Tannenhonig süßen.
Tip: Dieser Tee tut bei aufgewühlten Magennerven oder nervösen Darmproblemen gut. Bei Durchfall sollten Sie auf Honig oder Zucker verzichten.

Gartenfrischer Vitamintee

50 g getrocknete Apfelstückchen
30 g Hagebutten
1 Handvoll getrocknete Rosenblüten

Aus den Teesorten eine Mischung herstellen. Davon zwei Teelöffel pro Tasse heißem Wasser abnehmen, übergießen, fünf bis zehn Minuten ziehen lassen und abseihen.
Tip: Dieser Tee ist reich an Vitamin C und Eisen, er fördert die Entschlackung und hat sanft anregende Wirkung auf Geist und Organismus. Zum Süßen schmeckt Orangenblütenhonig gut.

Feierabend-Kamintee

je 50g Orangenblüten,
Hagebutten und Hibiskusblüten
30 g Rosinen
1 Teelöffel Rosenwasser

Eine Mischung aus den Teesorten herstellen. Pro Tasse heißem Wasser 1 Teelöffel davon abnehmen und übergießen. 10 Minuten ziehen lassen, abseihen, das Rosenwasser zugeben und auf Wunsch mit Honig süßen.
Tip: Gut schmeckt dieser Tee auch mit einer Messerspitze Zimt, der zusätzlich behagliche Gefühle weckt.

Apfel-Grüntee

100 g Grüntee
30 g Rosenblüten
50 g getrocknete Apfelstückchen

Aus den Teesorten eine Mischung bereiten. zwei Teelöffel pro Tasse heißem Wasser entnehmen, aufgießen und nach fünf bis zehn Minuten Ziehzeit abfiltern.
Tip: Dieser Tee bringt Schwung in den müden Geist und tut nach einem schweren Essen gut, da der Grüntee die Fettverbrennung anregt.

Schwarz und aromatisch

50 g Schwarztee
je 30 g Rosen- und Orangenblüten
20 g getrocknete Orangenstücke

Bereiten Sie aus den Teesorten eine Mischung, und nehmen Sie davon pro Tasse heißem Wasser einen Teelöffel ab. Den Tee drei bis acht Minuten ziehen lassen, abseihen und auf Wunsch mit einem kräftigen Honig süßen. **Tip:** Wenn die Konzentration nachlässt oder Sie sich lustlos und müde fühlen, lassen Sie von diesem Tee Ihre Lebensgeister wieder wecken.

! **Extratip:** Wer hat ihn nicht gern, den kleinen süßen Kick im Tee? Eine aromatisch-fruchtige Süße verleiht Hagebuttensirup dem Tee oder anderen Getränken . Zur Herstellung benötigt man 500 g frische Hagebutten (entkernt und gesäubert) und lässt diese zehn Minuten in 1 Liter Wasser köcheln. Dann die aufgeweichten Früchte durch einen Sieb streichen und die aufgefangene Flüssigkeit mit 350 g Zucker weitere fünf Minuten aufkochen lassen bis die Flüssigkeit andickt. Abkühlen lassen und in eine verschließbare Flasche abfüllen.

DAS ABC DER KOSMETIK-INHALTSSTOFFE

Nachfolgend können Sie die Inhaltsstoffe der verschiedenen Kosmetikrezepte näher kennenlernen. Beziehen können Sie die Substanzen in Drogerien, Bio- und Naturwarenläden (zum Beispiel Spinnrad), Reformhäusern, zum Teil auch in Apotheken.

Algenöl: Aus Braunalgen gewonnener und in Öl (zum Beispiel Sojaöl) gelöster Extrakt. Das Wirkspektrum der enthaltenen Aminosäuren, Vitamine, Mineralstoffe und Spurenelemente ist sehr groß. Die hautfunktionsanregende Wirkung macht man sich bei der Behandlung von Cellulite zunutze. Algenöl besitzt anregende Wirkung auf das Bindegewebe, was den Fett- und Wasserabbau in den Zellen fördert. Daneben wirkt es feuchtigkeitsspendend, straffend, glättend und adstringierend.

Aloe Vera: Blattsaft bzw. Pflanzenschleim der Wüstenpflanze Aloe Vera. Aloe Vera ist reich an aktiven Inhaltsstoffen wie Enzymen, Proteinen, Vitaminen und Mineralstoffen und wirkt feuchtigkeitsspendend, hautaktivierend, klärend, gewebestärkend und hautverfeinernd. Im Handel ist der Blattsaft auch als Konzentrat (meist zehnfach konzentriert) erhältlich.

Aprikosenkernöl: Aus dem mandelartigen Samen der Aprikosenkerne gepresstes hellgelbes Öl. Es ist reich an Enzymen und besitzt hautglättende, gewebeerneuernde Eigenschaften. Aprikosenkernöl ist ein leichtes Öl, das gut von der Haut aufgenommen wird. Es hinterlässt einen seidigen Schimmer auf der Haut, die sich zart und dennoch elastisch anfühlt. Geeignet ist das Öl für jeden Hauttyp, vor allem trockene, empfindliche und beanspruchte Haut regeneriert sehr gut damit.

Ätherische Öle: Aus Pflanzenteilen wie Blätter, Blüten, Früchte, Rinden, Wurzeln etc. gewonnene, nicht fette Öle. Sie besitzen ganz unterschiedliche Wirkungen auf Haut und Sinne, zum Beispiel: Lavendel = beruhigend, leicht kühlend, ausgleichend, schmerzstillend. Gut gegen Akne, Ekzeme, Abszesse, Entzündungen, Verbrennungen. Vanille = aktiviert physische und mentale Kräfte, vermittelt ein Gefühl von Wärme, Schutz und Geborgenheit.

Bienenwachs: Stoffwechselprodukt der Bienen, die damit die Waben zur Honigspeicherung bauen. Nach dem Ausschleudern des Honigs werden die Waben in Wasser geschmolzen und die gereinigten Reste vom Wasser abgeschöpft. Bienenwachs ist in natürlich gelber Farbe oder weiß gebleicht, meist kleingeraspelt, erhältlich. Bienenwachs dient in der Kosmetik als Konsistenzgeber und besitzt auch einen leicht emulgierenden Effekt. Produkte aus der Apotheke sind auf Schadstoffrückstände geprüft.

Carotinöl: Reich an Provitamin A, trägt dieses Öl zum Hautschutz bei. Es fördert den Aufbau und die Vitalität der oberen Hautschichten und regt die Zellregeneration an. Positiv und rasch bemerkbar macht sich der heilende Effekt des Provitamin A bei Wunden, Infektionen, Akne, sonnenstrapazierter und schuppiger Haut. Carotinöl färbt kosmetische Produkte gelb bis orangefarben.

Grapefruitkernextrakt: In einem Walzverfahren aus den Kernen der Grapefruit gewonnen, besitzt er eine stark wachstumshemmende Wirkung auf alle Bakterien, Viren und Pilze. Aufgrund dieser Eigenschaft kann Grapefruitkernextrakt als natürlicher Konservierungsstoff der selbst hergestellten Kosmetik (nur sehr geringe Mengen nötig) beigegeben werden.

Eucerin: Markenname für ein Gemisch aus Wollwachs und Vaseline, das sehr gute Hautverträglichkeit aufweist und als Cremebasisstoff zum praktischen und schnellen Kaltanrühren geeignet ist. Creme auf Eucerinbasis ist von eher fester Konsistenz.

Hagebuttenkernöl: Auch Wildrosenöl (Rosa Mosqueta) genannt. Besonders reich an der dreifach ungesättigten Gamma-Linolensäure, an Stearin- und Palmitinsäure, Vitaminen und Mineralstoffen. Das Öl fördert das Feuchthaltevermögen der Haut, gleicht die Hautfunktionen aus, wirkt schützend und nährend. Alle Hauttypen, besonders rauhe, trockene, ekzematische, strapazierte und beanspruchte Haut reagiert sehr positiv auf dieses Rosenprodukt.

Hamameliswasser: Durch Wasserdampfdestillation aus Rinden und Blättern des Hamamelisbaumes gewonnen. Wirkt adstringierend (zusammenziehend), hautstärkend und -entspannend und eignet sich gut für die Pflege der großporigen, fetten und zu Unreinheiten neigenden Haut.

Jojobaöl: Aus den nussartigen Früchten des Jojobastrauches gepresstes, gelbliches Öl, das reich an Vitamin E und F ist. Es fördert das Feuchthaltevermögen, Elastizität und Glätte der Haut und eignet sich für jeden Hauttyp.

Kakaobutter: Hellgelbes, aus der Kakaobohne gewonnenes, nach Schokolade duftendes Fett. Wird als nährender, pflegender Konsistenzgeber in der Kosmetik für trockene, strapazierte Haut eingesetzt.

Kieselerde: Aus Kieselalgen gewonnenes weißes Pulver, das innerlich wie äußerlich verwendet werden kann. In der Kosmetik, zum Beispiel in Masken, fördert es die Elastizität und die Widerstandsfähigkeit der Haut.

Mandelöl: Gelbliches, geruch- und geschmackloses Öl aus dem Samen der Nuss. Sein hoher Anteil an ungesättigten Fettsäuren (zum Beispiel Linolsäure, Palmitinsäure) beeinflusst die Verhornungsvorgänge der Haut und macht sie widerstandsfähiger gegen Infektionen. Besonders geeignet ist das Öl für trockene, empfindliche und juckreizgeplagte Haut.

Orangenblütenwasser: Durch Wasserdampfdestillation gewonnenes Blütenwasser mit erfrischenden, klärenden Eigenschaften. Es beruhigt nervöse Haut und beruhigt übermäßige Talgabsonderung. Es glättet angespannte Gesichtszüge und mildert Fältchen.

Rosenwasser: Es wird durch Wasserdampfdestillation gewonnen aus Rosenblüten und wirkt ebenso belebend wie harmonisierend auf die Haut. Es stärkt deren Abwehrfähigkeit, beruhigt nervöse Hautzonen, verfeinert die Poren und hält die Haut geschmeidig. Es kann für alle Hauttypen verwendet werden.

Sheabutter: Wird zur Herstellung der sogenannten Fettphase von Kosmetika verwendet und stellt den Konsistenzgeber der Creme dar. Wertvolle Inhaltsstoffe der Nussbutter sind zum Beispiel Allantoin, Vitamine, Unverseifbares. Sheabutter-Produkte weisen eine weiche, sahnige und leichte Konsistenz auf. Sie sind gut verteilbar und hinterlassen ein glattes, angenehmes Hautgefühl.

TIPS ZUR KOSMETIKHERSTELLUNG

Mit Rosenwasser und Rosenöl kann man duftende und wirkungsvolle Pflegeprodukte herstellen. Das beginnt bei der Reinigung, schließt sowohl die leichte Tagespflege als auch die regenerierende Nachtcreme bis hin zur Extrapflege in Form von Packungen sowie die Haarpflege ein. Kurz: Mit der Rezeptesammlung im Kapitel »Rosen-Kosmetik von Kopf bis Fuß« können Sie sich von Kopf bis Fuß »rosig« pflegen und verwöhnen.

Bei der Herstellung von Frischkosmetik steht eines absolut im Vordergrund: Hygiene. Reinigen Sie deshalb Arbeitsflächen sowie die diversen Utensilien immer gründlich, um alles so keimfrei wie möglich zu halten. Bereits verwendete Tiegel und Flaschen müssen sorgfältig gereinigt werden. So vermeiden Sie, dass sich in Ritzen, Einbuchtungen, Rillen und im Deckel Keime ansiedeln, die eine frühe Schimmelbildung in der Kosmetik verursachen können. Verwenden Sie zur Reinigung eigens dafür bestimmte Tücher und Bürstchen. Danach folgt ein Bad in einer Reinigungslösung, zum Beispiel Essigreiniger und daraufhin die abschließende Desinfektion mit Alkohol oder mit einer Lösung aus Grapefruitkernextrakt – ca. 30 bis 40 Tropfen je Liter Wasser. Nach sorgfältigem Trocknen des Gefäßes mit einem fusselfreien Papiertuch kann der Tiegel wieder befüllt werden.

In den meisten hier aufgeführten Rezepten werden Sie Grapefruitkernextrakt als Bestandteil finden, der nicht mit dem duftenden ätherischen weißen oder rosé Grapefruitkernöl verwechselt werden darf. Der Kernextrakt wird in der Naturkosmetik sowie in der Naturheilkunde als natürliches antibiotisches Mittel und als Konservierungsstoff eingesetzt. Durch Grapefruitkernextrakt wird die Haltbarkeit der Pflegeprodukte heraufgesetzt. Sie sollten sie dennoch innerhalb von drei bis vier

Wochen aufbrauchen. Dieser kleine Nachteil im Vergleich zur »Industriekosmetik« wird von der guten Verträglichkeit wieder wettgemacht. Beachten Sie bitte beim Kauf der ätherischen Öle, dass es sich um 100 Prozent naturreine Ware handelt. Manches ätherische Öl, wie zum Beispiel das Rosenöl oder Kamillenöl, ist leider nicht ganz billig. Aber die Ausgabe lohnt sich. Mit einem winzigen Tropfen erzielen Sie ein wunderbar duftend-pflegendes kosmetisches Produkt.

Hilfreich bei der Kosmetikherstellung

- *Brief- oder Digitalwaage*
- *Bechergefäße zum Schütteln oder Rühren der Crememasse*
- *Plastikbecher mit Messskala in unterschiedlichen Größen*
- *Feuerfeste Gläser mit Messskala*
- *Glasrührstäbe, Thermometer*
- *Verschiedene Glas- oder Plastiktiegel zum Aufbewahren der fertigen Produkte*

Rosen-Kosmetik von Kopf bis Fuss

Die nachfolgenden Kosmetikrezepte sind von mir selbst und vielen Bekannten und Freunden getestet und als sehr angenehm und leicht herstellbar empfunden worden. Ich hoffe, Sie werden dies auch so empfinden und wünsche Ihnen ebenso viel Spaß bei der Herstellung und Anwendung wie wir ihn hatten. Die Kosmetikprodukte bestehen häufig aus Lebensmitteln des täglichen Lebens, die man ohnehin im Kühlschrank hat. Aus wenigen, aber wertvollen Zutaten können Sie sich Ihre ganz persönliche Rosenkosmetik für Ihr individuelles Verwöhnprogramm kreieren.

Hautreinigung

Die regelmäßige Hautreinigung ist die wichtigste Voraussetzung für ein reines, klares Hautbild. Morgens haben sich auf der Haut Ausscheidungen wie Talg, Säuren und Stoffe aus Umweltbelastungen, ferner abgestorbene Hautschüppchen angesammelt. Durch eine gründliche Reinigung werden sie entfernt, wodurch die Haut eine optimale Aufnahmefähigkeit von pflegenden und schützenden Stoffen der Tagescreme erhält. Die abendliche Reinigung sollte in zwei Schritten erfolgen. Zunächst wird die Haut von Make-up-Resten befreit. Make up-Entferner auf öliger Basis lösen Farbreste sehr gut auf. Anschließend werden Gesicht und Hals mit der Reinigungsmilch behandelt, die letzte Make-up-Reste, hauteigene Ausscheidungen sowie Schmutzpartikel aus Umwelteinflüssen löst. Auf der so vorbereiteten Haut erzielt die Nachtpflege die gewünschte regenerative und aufbauende Wirkung.

Rosenseife

Manchmal hat man das Bedürfnis, das Gesicht mit Seife zu reinigen. Normale Seifen hinterlassen aber oft ein unangenehmes, spannendes Hautgefühl, da die Produkte stark austrocknen. Mit dem nachfolgenden Rezept können Sie eine gekaufte Seife sehr gut aufwerten, sie wird so mild, pflegend und duftend, wie Sie es sich wünschen.

1 parfumfreie Babyseife
150 g reines Bienenwachs
20 ml Mandelöl
1 Esslöffel Orangenblütenhonig
50 ml Rosenwasser
1 Tropfen Rosenöl

Schneiden Sie die Seife in kleine Stücke und schmelzen Sie sie zusammen mit dem Bienenwachs im heißen Wasserbad ein. Das erwärmte Rosenwasser und Mandelöl sowie Rosenöl in die Masse einrühren und alles abkühlen lassen. Kurz vor dem völligen Erkalten den Bienenhonig unterrühren und nach Wunsch formen.

Tip: Die noch formbare Masse können Sie zu kleinen Seifenbällchen formen. Hübsch, insbesondere zum Verschenken, sind ausgestochene Seifenstückchen (zum Beispiel mit Herz-, Stern- oder Mondformen). Dazu wird die Seifenmasse wie ein Kuchenteig mit dem Nudelholz etwa zwei Zentimeter hoch ausgerollt, ausgestochen und einige Zeit kühl und trocken gestellt. Danach lässt sich die Seife aus der Form lösen.

Augen Make-up-Entferner

25 ml Hagebuttenkernöl
25 ml Mandelöl
10 Tropfen Carotinöl
1 Tropfen Kamillenöl
5 Tropfen Vitamin E

Mischen Sie alle Zutaten und geben Sie das Öl in ein verschließbares Fläschchen.

Tip: Mit diesem Öl lösen Sie nicht nur Make-up-Reste sanft von den Lidern, sondern die zarte Haut profitiert von den elastizitätsfördernden, fältchenglättenden und beruhigenden Inhaltsstoffen.

Gesichts- und Körperpeeling

2 Esslöffel Rosenwasser
3 Esslöffel geriebene Mandeln
2 Esslöffel Naturjoghurt

Alle Zutaten miteinander vermengen, so dass ein dicker Brei entsteht. Gesicht mit Reinigungsmilch vorreinigen und von Make-up-Resten befreien. Körper mit einem feuchten Waschlappen abreiben und den Peelingbrei auf die leicht feuchte Haut auftragen. Zwei bis drei Minuten kreisend massieren. Im Gesicht die Augenpartie unterhalb der Augenbrauen aussparen. Danach gründlich abduschen.

Tip: Nach dem Peeling ist die Haut besonders aufnahmebereit, da sie von den überlagernden Hautschüppchen befreit ist. Jetzt wirkt Verwöhnpflege am intensivsten – am besten mit einer nährenden und duftenden Rosenmaske.

GLÄTTEREINIGUNG FÜR GESICHT UND KÖRPER

1/2 Tasse Buttermilch
1 Esslöffel Magerquark
3 Esslöffel Rosenwasser

Buttermilch und Quark glattrühren und das Rosenwasser zugeben. Die dicke Rosenmilch großzügig auf Gesicht und Körper verteilen und eine Weile mit kreisenden Bewegungen massieren. Durch die Säureanteile der Buttermilch lösen sich die Hautpartikelchen, die anschließend gründlich mit Wasser abgewaschen werden. Eine anschließende Reinigung mit Duschgel oder Seife erübrigt sich.

Tip: Abgestorbene Hautschüppchen lagern sich durch den Hauterneuerungsprozess täglich auf der Haut ab. Hinzu kommen die Reste abgeheilter kleiner Wunden und Pickel etc., die die Haut uneben und fahl aussehen lassen. Mit diesem einfachen Rezept wird Ihre Haut mild gepeelt und gewinnt Frische und Glätte zurück. Bei unreiner, zu Entzündungen und Ekzemen neigender Haut, oder wenn durch unsachgemäßes Entfernen von Hautunreinheiten eine Schmierinfektion entstanden ist, können Sie dieser Reinigungsmilch noch drei Tropfen desinfizierend wirkenden Grapefruitkernextrakt zugeben.

Rosenfrische Gesichtswässer

Gesichtswasser hat zwei Aufgaben: Es dient der Nachreinigung feinster Schmutzreste, die trotz Reinigungsmittel und Wasser noch auf der Haut aufliegen können, und es schließt durch seinen zusammenziehenden Effekt die Poren. Die verfeinerten Poren stellen einen Schutz vor Umweltbelastungen dar, daneben wirkt der Teint frischer. Gesichtswasser hat auch eine wohltuende hautbelebende Wirkung und bietet sich bei hochsommerlichen Temperaturen sowie bei sehr fettiger, großporiger Haut als Zwischendurch-Reinigung und Erfrischung an. Viele herkömmliche Produkte enthalten Alkohol wegen seiner desinfizierenden und haltbarkeitsverlängernden Wirkung. Häufig wird Alkohol aber nicht vertragen, weshalb ich bei den nachfolgenden Rezepten darauf verzichtet habe. Stattdessen ist die keimwidrige Wirkung des Grapefruitkernextraktes genutzt, der von der Haut meist sehr gut vertragen wird.

Tonic für normale bis fettige Haut

25 ml Orangenblütenwasser
10 ml Rosenwasser
10 ml Aloe Vera
2 Tropfen Rosenholzöl
2 Tropfen Grapefruitkernextrakt

Alle Zutaten miteinander mischen, aufschütteln und in eine verschließbare Flasche umfüllen.

Tip: Frisch und belebend klärt dieses Tonic die Haut. Es wird rasch aufgenommen, und die Haut wird damit gut auf die Anschlusspflege vorbereitet.

Exotisches Kokos-Rosen-Gesichtswasser

50 ml Rosenwasser
2 Teelöffel Kokosraspeln
2 Tropfen Grapefruitkernextrakt

Die Kokosraspeln in ein Gefäß geben und das Rosenwasser einrühren. Diese Mischung abgedeckt zwei Tage ziehen lassen, dann die Kokosraspeln abfiltern. Grapefruitkernextrakt zum Kokos-Rosenwasser geben und den Tonic in eine verschließbare Flasche umfüllen.

Tip: Gut für die trockene, zu Fältchen neigende Haut geeignet. Bei extrem fetter Haut kann das Kokos-Rosenwasser als Zwischendurch-Refresher verwendet werden.

Tonic für trockene bis sehr trockene Haut

50 ml Rosenwasser
10 Tropfen Aloe Vera
1 Esslöffel Hagebuttenkernöl
2 Tropfen Grapefruitkernextrakt

Alle Zutaten mischen und vor jedem Gebrauch schütteln, da sich das Öl nur kurzzeitig mit den wässrigen Bestandteilen verbindet. Dieses Tonic legt sich wie ein feuchter, leicht fetthaltiger Schleier auf die Haut.

Tip: Selbst bei sehr trockener Haut können Sie dieses Tonic ohne Spannungsgefühl genießen.

Rosen-Honig-Refresher

150 ml Rosenwasser
1 Esslöffel Honig
je 1 Tropfen Zitronenöl und Vanilleöl
5 Tropfen Grapefruitkernextrakt

Den Honig mit einem Plastiklöffel in das leicht erwärmte Rosenwasser rühren, bis er sich aufgelöst hat. Dann die Essenz zugeben und in eine verschließbare Flasche umfüllen.

Tip: Dieser duftende Refresher belebt nicht nur die Haut, sondern auch die Sinne.

Klärender Rosenessig

20 frisch gepflückte Rosenblüten
(oder 1-2 Tropfen Rosenöl)
1/8 Liter Apfelessig, klar
1/8 Liter destilliertes Wasser

Die Blüten in eine weitbauchige Kristallflasche füllen und Essig und Wasser, beides leicht erwärmt, hinzugeben. Die verschlossene Flasche ein paar Tage an einem dunklen Ort ziehen lassen, bis die Blütenblätter leicht zerfallen. Die Blütenmasse mehrmals abfiltern, dass keine Rückstände im Essig bleiben und kühl aufbewahren.

Tip: Verwenden Sie den Rosenessig bei unreiner, großporiger und verschlackter Haut sowie nach dem Entfernen von Pickeln und Mitessern. Ebenso können Sie ihn für eine Kompresse bei Blähungen verwenden (siehe im Indikationsteil).

Extrapflege für die Haut

Trotz regelmäßiger Tages- und Nachtpflege sollten Sie Ihrer Haut ein- bis zweimal wöchentlich eine Extraportion Pflege gönnen. Vor allem bei Gesichtshaut und Händen, die ja ständig den äußeren Einflüssen trotzen müssen, reicht die normale Pflege oft nicht aus. Die Haut wird zunehmend trockener, spröder, verliert an Elastizität, neigt zu vermehrter Fältchenbildung, wirkt schlecht durchblutet usw. Meist kann man fast zusehen, wie die wirkstoffreiche Packung in Minutenschnelle in die Haut »schlüpft«. Neben der Wirkstoffversorgung tun zwanzig bis dreißig Minuten entspannende Einwirkzeit der Maske – vielleicht sogar auf dem Liegestuhl im Rosengarten – natürlich auch den Nerven gut.

Rosensalbe für nervöse und trockene Haut

40 g Rosen-Gold-Öl
(siehe bei Körperpflege)
30 g Eucerin · 20 g Rosenwasser
je 2 Tropfen Lavendel und
Grapefruitkernextrakt

Eucerin im feuerfesten Glas langsam schmelzen. Das Rosen-Gold-Öl einrühren und zusammen unter Rühren auf 60 Grad erwärmen. Das Rosenwasser im separaten Glas auf diese Temperatur erhitzen und dem Ölgemisch zugeben. Im Becher mit den Extrakten aufschütteln.

Tip: Wenn Alltagshetze, Sorgen und Umwelteinflüsse Ihre Haut überreagieren lassen, bringt diese Creme Entspannung und Regeneration. Die Salbe wird recht fest und ist sparsam im Gebrauch. Massieren Sie sie erst in der Hand auf, sie zieht dann gut ein.

Karotten-Nachtcreme für beanspruchte Haut

20 g Eucerin
20 ml Hagebuttenkernöl
20 ml Rosenwasser
10 Tropfen Carotinöl
10 Tropfen Aloe Vera
1 Tropfen Rosenöl
5 Tropfen Vitamin E
3 Tropfen Grapefruitkernextrakt

Eucerin und Öl im warmen Wasserbad glattrühren und nach und nach das angewärmte Rosenwasser sowie Carotinöl, Vitamine und Extrakte einrühren. Während des Erkaltens die Creme immer wieder mit dem Glasstab rühren. Es entsteht eine orange-gelbe klare Masse, die dick, aber sehr gut verteilbar wird.

Tip: Mit dem im Carotinöl enthaltenen Provitamin A und dem Vitamin E versorgen Sie Ihre Haut über Nacht mit einer wertvollen Regenerationshilfe. Äußere beanspruchende Einflüsse wie Sonne, Wind, Abgase, trockene Heizungsluft usw. können so ausgeglichen werden. Die Haut wird glatt und feinporig.

Quark-Rosen-Maske bei fahler, ausgezehrt wirkender Haut

2 Esslöffel Rosenwasser
1 Esslöffel Sahnequark
je 1 Teelöffel Hagebuttenkernöl und Kieselerde
2 Tropfen Orangenöl

Alle Zutaten miteinander mischen und auf die gereinigte Haut auftragen. Eine Viertelstunde einwirken lassen und mit lauwarmem Wasser abspülen. **Tip:** Diese Maske versorgt die Haut mit aufbauenden, nährenden und zellregenerierenden Inhaltsstoffen. Selbst nach dem längsten Bürotag wird sie damit wieder fit und frisch.

Hafergelmaske für verschlackte, müde und alternde Haut

je 1/2 Tasse Rosenwasser und feine Haferflocken
1-2 Esslöffel Hagebuttenkernöl
2 Tropfen Rosenholzöl

Haferflocken ins kochende Rosenwasser streuen, kurz zusammen aufkochen lassen, dann vom Herd nehmen und einige Minuten ausquellen lassen. In die breiige Masse das Öl und das Rosenwasser einrühren und lauwarm auf das gereinigte Gesicht, Hals und Dekolleté auftragen und nach zwanzig Minuten Einwirkzeit mit warmem Wasser abspülen. **Tip:** Die Haut wird durch diese Zutaten intensiv genährt und harmonisiert. Sie gewinnt sichtbar an Elastizität und jugendlicher Frische. Tupfen Sie anschließend Rosen-Gesichtswasser auf, um die Poren zu schließen. Ein leichtes Rosengel bietet sich zur Anschlusspflege an.

Rosenschaummaske für müde Haut

1 Eiweiß
1 Tropfen Rosenöl
1 Teelöffel Aprikosenkernöl

Das Eiweiß steifschlagen, dann das Aprikosenkernöl und das Rosenöl – unter ständigem Schlagen – zugeben.

Tragen Sie die Maske auf die gereinigte Haut auf, und lassen Sie sie ca. zehn Minuten einwirken. Danach die Reste mit einer lauwarmen Handtuchkompresse abnehmen.

Tip: Verwöhnen Sie nicht nur Ihr Gesicht, sondern auch Hals und Dekolleté mit dieser gehaltvollen Maske. Das Eiweiß versorgt die Haut mit neuer Energie und strafft sie. Die Haut wirkt dadurch praller und elastischer. Aprikosenkernöl versorgt die Haut mit Fett, ohne sie zu beschweren, Rosenöl unterstützt die Haut- und Seelenharmonie.

Sahne-Rosen-Maske für sehr strapazierte Haut

3 Esslöffel steifgeschlagene Sahne
1 Esslöffel Naturjoghurt
1 Tropfen Rosenöl
je 2 Tropfen Vitamin E
und D-Panthenol

Alle Zutaten mischen und auf die gut gereinigte Haut auftragen. zwanzig Minuten einwirken lassen und mit lauwarmem Wasser abspülen. Danach mit Rosengesichtswasser sanft abreiben und eincremen.

Tip: Bei dieser Maske wird die strapazierte Haut mit reichlich Sahnefett und zellregenerierenden, aufbauenden Vitaminen verwöhnt. Durch die Milchsäure des Joghurts werden alte Hautschüppchen gelöst, die die Haut unnötig belasten. Das Rosenöl harmonisiert die Hautfunktionen und gleicht nervöse Reaktionen aus. Nach der Maske ist das Hautbild deutlich frischer, die Haut wirkt fester, elastischer und fühlt sich seidig-glatt an.

Honig-Rosen-Maske für fette, unreine und empfindliche Haut

2 Esslöffel Rosenwasser
je 1 Esslöffel Honig
und Mandelöl
20 g Glyzerin
1 Tropfen Kamillenöl

Glyzerin und Öl zusammen im Wasserbad einschmelzen. Rosenwasser separat erwärmen und Honig sowie Kamillenöl zugeben. Diese Mischung unter ständigem Rühren langsam zum warmen Öl-Glyzerin geben und glattrühren. Die Packung großzügig auf Gesicht, Hals, Dekolleté, Rücken bzw. auf Hautproblemstellen auftragen. Etwa zwanzig Minuten einwirken lassen und mit lauwarmem Wasser abwaschen.

Tip: Nach der Maske wirkt die Haut rosig frisch. Gerötete, strapazierte Stellen, auch unreine Hautbereiche werden gemildert.

Körperpflege und Massageöle

Regelmäßige Körperpflege beschert nicht nur eine schöne Haut als sichtbaren Erfolg der Bemühungen. Vielmehr ist Körperpflege ein Stück Lebensqualität. Während des bewussten Umganges mit der Haut kommen Sie sich selbst und Ihren innersten Bedürfnissen sehr nahe. Wenn die Welt hinter der Badezimmertür schweigt, trägt die liebevolle Körperpflege dazu bei, wieder in die innere Mitte zu gelangen und sämtliche Hautfunktionen auszugleichen. Natürliche Kosmetik mit ihren fein duftenden und wirksamen Inhaltsstoffen unterstützt diesen Prozess.

Rosen-Gold-Entspannungsöl

je 50 ml Hagebuttenkern-, Mandel-, Aprikosen- und Jojobaöl
2 Fingerspitzen Blattgold
je 3 Tropfen Rosenöl, Ylang-Ylang-Öl, Ysop-Öl und Vanilleeöl

Das gereinigte, trockene Blattgold zu dem Ölgemisch geben, die ätherischen Öle einrühren und in eine hübsche verschließbare Flasche füllen. Das Gold sinkt auf den Boden des Öls und bleibt darin, bis das Öl (es kann etwas trüb werden) aufgebraucht ist.

Tip: Wenn bei der Entnahme etwas vom Gold auf die Haut kommt, massieren Sie es einfach mit ein. Auf die Haut hat Gold einen sehr regenerativen Effekt. Das restliche Gold können Sie ebenfalls für kosmetische Zwecke verwenden (zum Beispiel bei einer Maske). Die pflanzlichen Öle tragen viele Substanzen in sich, die die Haut pflegen, glätten und straffen. Ylang-Ylang, Ysop, Vanille und Rose ergeben nicht nur eine wunderbare Duftkomposition, sie vermitteln während der Massage positive Gefühle. Es fällt leichter, psychische Stagnation zu überwinden, woraus harmonische Zufriedenheit, Offenheit und Zärtlichkeit (Ylang-Ylang und Rose wirken aphrodisierend) erwachsen.

Massage-Cellulite- und Body-Styling-Öl

100 ml Hagebuttenkernöl
50 ml Sesamöl
6 Tropfen Algen-Öl
je 3 Tropfen Rosmarinöl, Rosenholzöl, weißes Grapefruitöl, Zypresse und Geranie
4 Tropfen Grapefruitkernextrakt

Alle Zutaten zusammengeben und vor dem Auftragen stets leicht aufschütteln.
Tip: Eine intensivierte Durchblutung und ein ganzheitlich anregender Effekt, wie sie von den Inhaltsstoffen der ätherischen Öle vermittelt wird, können Sie noch durch eine Massage verstärken. Behandeln Sie die Cellulite-problemzonen täglich etwa zehn Minuten mit einer Knetmassage (auch gut: Noppenbürste verwenden). Dadurch werden die Bindegewebszellen angeregt, die angestauten Wasseransammlungen freizulassen und den Fettabbau zu aktivieren. Ausstreichende Griffe, zum Beispiel mit einer Naturhaar- oder Noppenbürste unterstützen den Abtransport der Schlacken aus den Zellen.

Handpflege

In ihrer »zupackenden« Art schaffen sich unsere Hände viele Feinde, die Spuren hinterlassen. Putzen und Spülen trocknen sie aus und machen die Nagelhaut hart und rissig. Gartenarbeit gräbt tiefe Schrunden in die Hände und kann bei allergischer Neigung auch zu juckenden Rötungen führen. Hier das erholsamste Rezept für schöne Hände: Lassen Sie die Arbeit einfach liegen. Und jetzt das realistische Rezept: Pflegen Sie Ihre Hände mit der folgenden Kosmetik.

Handbad bei feuchten Händen

500 ml Wasser
50 ml Rosenwasser
5 Tropfen ätherisches Salbeiöl
1 Tropfen weißes Grapefruitöl
4 Esslöffel flüssige Sahne

Erwärmen Sie das Wasser zusammen mit dem Rosenwasser, bis es gut handwarm ist und füllen es in eine flache Schüssel. Dann Salbeitropfen, Öl und Sahne zugeben und mit einem Holzlöffel umrühren. Nun die Hände etwa zehn Minuten im warmen Badewasser bewegen. Anschließend gut abtrocknen.
Tip: Durch seine adstringierenden Substanzen wirkt dieses Handbad einer vermehrten Handschweißbildung entgegen. Die leicht fettende Sahne vermittelt ein angenehm gepflegtes und weiches Handgefühl.

Anti-Strapazen-Handbad

1/4 Liter Vollmilch
3 Esslöffel Rosenwasser
3 Esslöffel Hagebuttenkernöl
2 Tropfen Kamillenöl

Die Milch erwärmen und die anderen Zutaten einrühren. Baden Sie Ihre Hände eine Viertelstunde in dieser Mischung. Bewegen Sie die Hände ständig im Bad, so gelangt das an ungesättigten Fettsäuren und Vitaminen reiche Öl überallhin. Die Hände nach dem Bad nicht abspülen, sondern nur trocknen und mit der »Super-Nährsalbe« verwöhnen.
Tip: Durch die Wärme des Handbades öffnen sich die Hautporen, und die pflegenden und beruhigenden Inhaltsstoffe können intensiv wirken.

SUPER-NÄHRSALBE FÜR STRAPAZIERTE HAUT

80 ml Hagebuttenkernöl
20 ml Olivenöl
2 Tropfen Kamille
4 Esslöffel getrocknete Ringelblumen
20 g Sheabutter
10 g Bienenwachs
5 Tropfen Aloe Vera

Ringelblumenblüten im Ölgemisch in einem feuerfesten Glas auf 40 Grad erhitzen, dann die Blüten-Ölmischung zwei Stunden im warmen Wasserbad ziehen lassen. Blüten abfiltern und das Ringelblumenöl auf 60 Grad erhitzen. Sheabutter und Bienenwachs schmelzen, auf 60 Grad erhitzen und in das Ringelblumenöl rühren. Während des Erkaltens immer wieder umrühren und die Extrakte zugeben.

Tip: Stark strapazierte Hände regenerieren rasch mit dieser Creme. Sie eignet sich auch als Handpackung. Die Hände dick damit eincremen, Baumwollhandschuhe darüberziehen und einige Stunden (am besten über Nacht) einziehen lassen.

Fusspflege

Sowohl schwere Winterstiefel als auch sommerliche Riemchenschuhe hinterlassen so manches »Andenken« wie heiße geschwollene Füße, Schweißprobleme, Druckstellen, Schwielen usw. Jetzt tut alles gut, was die Füße frisch und munter macht – so wie diese Fresh-up-Pflegetips.

FUSSKOMPRESSE FÜR SCHWERE, GESCHWOLLENE FÜSSE

1 Liter kaltes Wasser
1/2 Tasse Rosenwasser
6 Tropfen Zitronenöl
4 Tropfen Geranienöl

Die Zutaten ins Wasser rühren, zwei Handtücher damit tränken und auswringen. Die Tücher straff um Füße und Waden wickeln und eine Viertelstunde hochlagern.
Tip: Die Zitronen-Rosenkompresse hinterlässt ein angenehmes Gefühl der Leichtigkeit und Frische. Sie ist ideal nach einem langen »Sitztag« im Büro oder nach einer Wanderung. In eine Sprühflasche umgefüllt (zur Not geht auch ein Blumenzerstäuber), kann man sich an heißen Tagen angenehme Kühlung verschaffen und ein Anschwellen der Beine verhindern.

FUSS- UND FITNESSBAD

1/2 Tasse Rosenwasser
5 Tropfen Pfefferminzöl
2 Tropfen Geraniumöl
2 Esslöffel Hagebuttenkernöl

Wasser (nicht zu heiß) in die Fußwanne füllen, alle Zutaten dazugeben, und fertig ist der Badespaß für die Füße.
Tip: Die erfrischende Pfefferminze löst Muskelverspannungen, Geranie wirkt entstauend, was bei Wasseransammlungen im Knöchelbereich wohltut, und das Rosenwasser beruhigt entzündete oder druckgeschädigte Stellen. Durch die Bewegung der Füße legt sich das Öl wie ein feiner Film über die Haut und verhindert deren Austrocknen.

FUSSPUDER – DER FRISCHEKONSERVATOR

1 Packung Babypuder, unparfumiert
20 g pulverisierte Eichenrinde
je 2 Tropfen Rosen- und Pfefferminzöl

Puder und Eichenrinde gut vermischen und in ein verschließbares Gefäß umfüllen. Je einen Tropfen der ätherischen Öle sollten Sie im unteren Drittel während des Einfüllens dazugeben, die restlichen im oberen Drittel. Lassen Sie den Puder einige Tage verschlossen stehen, gelegentlich schütteln, damit sich der Essenzenduft überall verteilt.
Tip: Mit seinem blumig-frischen Duft weckt dieser Puder Ihr Wohlbefinden und dämmt durch den Gerbsäuregehalt des Eichenrindenpulvers die Schweißbildung ein.

Haar- und Kopfhautpflege

Haare und Frisur sind wichtige Merkmale, nach denen man einen Menschen zum Teil bewusst, oft auch unbewusst, einstuft. Begegnet man jemandem mit glänzendem, vollem Haar und gepflegter Frisur, wird der erste Eindruck sicher positiver ausfallen, als wenn das Gegenüber strähniges, stumpfes Haar hätte. Es gibt viele Gründe, warum Haare nicht so voll, glänzend und kräftig sind, wie man sie sich wünschen würde. Nicht zuletzt sind Haare ein (verzögert wirkender) Spiegel der Seele. Wie die Gesichts- und Körperhaut lieben auch Kopfhaut und Haare die Harmonie, und Sie können »glänzende« Erfolge mit rosiger Pflege erzielen. Wählen Sie als Basis ein unparfumiertes Shampoo (erhältlich zum Beispiel in Spinnrad-Läden), und geben Sie diesem ein bis zwei Tropfen Rosenöl und/oder Rosenholzöl bei. Beide tragen zur Harmonisierung der Kopfhautfunktionen bei und hinterlassen ein entspanntes Hautgefühl, daneben weckt der blumig-würzige Duft kreative Gedanken und Spannkraft.

Rosen-Haarwasser für müdes, stumpfes Haar

100 ml Rosenwasser
20 ml 50prozentiger Alkohol
je 3 Tropfen Kamillenöl
und Rosenholzöl

Geben Sie alle Zutaten in eine Flasche (am besten mit Spritzverschluss), und schütteln Sie sie vor jeder Anwendung kurz auf.

Tip: Mit diesem Haarwasser wird das Haar glänzender und kräftiger und lässt sich besser stylen. Juckende, spannende Kopfhaut wird durch die Kamille beruhigt. Daneben besitzt dieses Haarwasser eine erfrischende Wirkung auf das ganzheitliche Befinden.

Vitamin-Öl-Packung für glanzloses, strapaziertes Haar
(wird vor der Haarwäsche angewandt)

1 Esslöffel Hagebuttenkernöl
1 Eigelb · 1/2 Banane
1 Teelöffel Carotinöl
5 Tropfen Zitronenöl

Die Banane mit der Gabel sehr fein zerdrücken und alle Zutaten unterrühren. Die Packung auf das trockene Haar auftragen und den Kopf mit Plastikfolie umwickeln. Lassen Sie die Haarmaske ein bis zwei Stunden einwirken, und waschen Sie dann Ihr Haar mit einem milden Shampoo.

Tip: Biotin, Lecithin, Provitamin A, Vitamin B 6, Folsäure, Vitamin K und Vitamin C stecken reichlich in den Zutaten dieser Maske und machen sie zur Powerpflege für Kopfhaut und Haar. Daraus resultieren eine regenerierte, entspannte Kopfhaut und festes, glänzendes Haar.

Rosen-Edelstein-Kosmetik

Zarte glatte Haut mit feinen Poren ist wohl die schönste persönliche Visitenkarte. Aufgrund von Stress und Umweltbedingungen, Ernährung usw. ist ein »Traumteint« aber nicht einmal mehr bei sehr junger Haut eine Selbstverständlichkeit. Mit den beschriebenen Rosen-Edelsteinen können Sie all Ihre kosmetischen Produkte mit harmonisierenden und zellstärkenden Schwingungen aus dem Mineralreich individuell aufwerten. Insbesondere werden die natürlichen Schutzfunktionen der Haut angeregt und die Hautfunktion gestärkt. Reinigen Sie den aufgeladenen Stein kurz vor dem Zugeben in die Creme mit ein bis zwei Tropfen Grapefruitkernextrakt, der keimtötende Wirkung hat. Reiben Sie den Stein damit zwischen den Fingern, spülen ihn mit kaltem Wasser ab und trocknen ihn sorgfältig mit einem Papiertuch ab. Dann drücken Sie ihn mit einem sauberen Glasstab in die erkaltete Creme und verschließen den Tiegel. Nach etwa einem Tag ist die Creme von den Schwingungen des Steines durchdrungen, und Sie können sie verwenden. Der Stein kann bis zum völligen Aufbrauchen in der Creme bleiben. Eine angenehm frische und hautbelebende Behandlung ist das Abtupfen mit Tonic sowie Waschungen mit Edelsteinwasser.

Rosenquarz und Rhodochrosit-Wasser

Beide Steine eignen sich, um Edelsteinwasser zum Trinken anzusetzen. Wenn Sie psychisch stark beansprucht sind, unterstützt Sie der Rosenquarz beim liebevollen und achtungsvollen Umgang mit sich selbst und anderen. Er verhindert ein Verhärten der Seele, was der Berufsstress häufig mit sich bringt. Bei Antriebs- und Mutlosigkeit kann Ihnen der Rhodochrosit helfen und Sie wie ein sanfter, aber stetiger Motor vorantreiben und neue Kreativität in Ihnen wecken.

Rhodonit-Wasser

Mit diesem Stein können Sie Haut- bzw. Körperwaschungen vornehmen, wenn sie regenerationsbedürftig sind. Rhodonit-Wasser vermittelt Kraft, Motivation und freundliches, aber bestimmtes Durchsetzungsvermögen. Die Haut gewinnt an Spannkraft und Elastizität. Begießen Sie die Haut großzügig damit, und lassen Sie sie möglichst an der Luft trocknen.

Rosenquarz-Tonic für fahle Haut

50 ml Rosenwasser · 10 ml Aloe Vera
3 Tropfen Rosenholzöl
2 Tropfen Grapefruitkernextrakt
1 kleiner Rosenquarz

Geben Sie den Rosenquarz in ein Fläschchen mit weitem Hals, und gießen Sie das zuvor gemischte Tonic darüber.

Tip: Die sanften und liebevollen Schwingungen des Rosenquarzes berühren die Haut wie morgendliche Sonnenstrahlen. Die Gesichtszüge entspannen sich rasch, und der Teint ist nun bestens auf die Anschlusspflege vorbereitet. Fast »automatisch« stellt sich ein Lächeln ein.

Edelsteinwasser mit rosa Steinen

Durch Hautwaschungen und Trinken von Edelsteinwasser mit »Rosen-Edelsteinen« können Sie Haut und Psyche positiv beeinflussen. Dazu benötigen Sie einen halben bis einen Liter kohlensäurefreies Mineralwasser. Legen Sie den oder die gereinigten aufgeladenen Steine in einen Krug und gießen das Wasser darüber. Dann stellen Sie den Krug für ein, zwei Stunden an einen Platz im Freien. Durch den Einfluss der natürlichen Energie von Sonne und Wind (auch Mondlicht und Sterne) überträgt der Stein seine Schwingungen an das Wasser.

Persönlichkeitsentwicklung mit Rosen

Der Rosenkarten-Test – Entdecken Sie die Rose, die in Ihnen steckt

Je mehr ich die Rosen beobachtete, desto mehr Ähnlichkeit zu uns Menschen entdeckte ich. Anfangs waren dies einfache und eher bildliche Vergleiche, wie: Zeigen wir nicht auch hin und wieder unsere Stacheln, wie das die Rosen tun? Dann begann ich die Formen, Wachstum, Wuchsrichtung und Farben der Rosen zu studieren. Dabei entdeckte ich, dass jede Rosengattung ihre ganz spezifischen Wesenszüge hat und dass diese auf der symbolischen Ebene mit den menschlichen Charakterzügen verglichen werden konnten. Die Rose konnte in gewissem Sinn zum Menschen werden und andersherum. Gab es nicht das physikalische Gesetz »Gleiches zieht sich an«? Ähnlich funktioniert beispielsweise auch das Austesten geeigneter Bachblüten. Man betrachtet die Blüten und wählt intuitiv jene aus, die einen anzieht. Ich bastelte also Rosenansichtskarten und ließ meine Freunde und Bekannten entdecken, welche Rose in ihnen schlummerte. Da gab es manches erstaunte Gesicht – und natürlich auch so manches Schmunzeln – weil man sich so gut »getroffen« fand. Vielleicht möchten Sie sich jetzt einfach einmal selbst testen und Ihre Rosenpersönlichkeit entdecken.

Test: Und welche Rose schlummert in Ihnen?

Legen Sie die Rosenkarten so vor sich aus, dass Sie alle Rosenabbildungen sehen. Nun nehmen Sie sich ein paar Minuten Zeit und betrachten ein Bild nach dem anderen. Ziehen Sie die Rose, die Sie am meisten anzieht. Möglich ist, dass Sie durchaus manche der anderen Rosen schöner finden und dennoch zieht Sie eine ganz besonders an.

Wählen Sie genau diese aus. Schauen Sie dann auf der Kartenrückseite nach, welcher Rosengattung ihre Rose angehört (zum Beispiel Kletterrose, Zwergrose etc.) und lesen Sie im Buch unter der entsprechenden Rubrik nach. Hier finden Sie zunächst ein paar Fragen, die die Essenz der Rosenbotschaft beinhalten. Gleichzeitig auch einige zentrale Wesenszüge und aktuelle oder wiederkehrende Lebensthemen, die diesem Typ entsprechen. Je häufiger Sie die Fragen mit »ja« beantworten können, je tiefer können Sie sich der jeweiligen Rose verbunden fühlen – denn Sie blüht in Ihnen.

Testvariationen

Natürlich kann es sein, dass Sie auch bei anderen Rosenbeschreibungen, die eine oder andere Ja-Antwort geben könnten. Dies ist ganz normal, denn jeder Mensch birgt ja eine Vielfalt an Fassetten in sich. Wir alle sind in verschiedene Lebensbereiche eingebunden, die sehr unterschiedliche Reaktionen von uns fordern, sei es privat oder beruflich. Daher ist es auch möglich, dass Sie, wenn Sie den Test in einiger Zeit nochmals machen, eine andere Rose ziehen. Und beim Durchlesen der Fragen dann feststellen, dass diese ihre momentane Lebenssituation widerspiegeln. Wie ich aber zwischenzeitlich vielfach festgestellt habe, kann man durchaus eine »feste« Rose in sich tragen. Man fühlt sich dem Wesen dieser Rose dann besonders verbunden, da man in sich selbst ähnliche grundsätzliche Wesenszüge erkannt hat. Interessant sind auf jeden Fall auch die Fragen, die Sie vielleicht nur ungern beantworten oder wo Sie sich unsicher sind. Hier kann es sich um den einen oder anderen verschütteten Wesensanteil handeln, den zu betrachten, zu fördern und zu entwickeln es sich lohnen kann.

TIPS NACH DEM TEST

Allein das Beantworten der Fragen und die dadurch nötige Beschäftigung mit sich selbst führt oft zu wertvollen Selbsterkenntnissen. Hinzu kommt, dass in den Rosen-Persönlichkeitsbeschreibungen neben den allgemeinen Charakterzügen auch manche ungesund gelebten Wesensanteile erkennbar werden. Deshalb finden Sie im Anschluss an die »Rosenmensch«-Beschreibungen einige Tips und geeignete positive Leitsätze, wie Sie ganz individuell neue Lebenskraft gewinnen können.

FARBE KOMMT INS SPIEL

Bei diesem Rosentest spielen natürlich auch die Farben eine Rolle. Es kann beispielsweise sein, dass eine ganz bestimmte Rose Sie sehr anspricht. Dennoch zögern Sie, weil die Farbe einer anderen Ihnen mehr zusagt. Wählen Sie dann jene Rose, die Sie anzieht und lesen Sie die Farbaspekte durch, die die Aussage zur Rosenpersönlichkeit noch um die genannten Eigenschaften, Stimmungen oder Wesenszüge mit beeinflussen kann. Dies können Sie auch tun, wenn Sie beispielsweise eine rosa Rose wählen, ihre Lieblingsfarbe ist aber normalerweise gelb. Die Farbaspekte finden Sie nach den Rosenmensch-Beschreibungen.

Nicht unterzukriegen – die Wildrose

1. Sind Sie nicht unterzukriegen?
2. Können Sie unermüdlich arbeiten bzw. sich für einen Menschen oder eine Sache einsetzen?
3. Sind Sie anpassungsfähig?
4. Schlagen Sie in fremder Umgebung schnell Wurzeln?
5. Lieben Sie Geselligkeit?
6. Haben Sie Familiensinn?
7. Genießen Sie Ihren großen Freundeskreis, ihre vielen Verbindungen?
8. Bringen Sie alles, was Sie anpacken, dazu, Früchte zu tragen?
9. Sorgen Sie mit Weisheit vor?
10. Freuen Sie sich, wenn es anderen gut geht?
11. Lieben Sie die Üppigkeit?

Wenn Sie diese Fragen überwiegend mit »Ja« beantwortet haben, weist Ihr Wesen viel Ähnlichkeit mit dem der Wildrose (auch Heckenrose genannt) auf. Für viele sind Sie eine wichtige »Anlaufstelle«. Bei Ihnen holt man sich Rat, Schutz, kann sich austauschen und an Ihren vielfältigen Interessen und Verbindungen teilhaben. Das kommt nicht von ungefähr. Widerstands-, verbindungs- und entwicklungsfähig wie eine Wildrose und den aus ihr entstandenen zahlreichen Rosensorten haben Sie sich in vielen Lebensbereichen bewährt. Wie die Wildrose, die unermüdlich und auch bei schlechten Bedingungen immer wieder neues Blattwerk und außer Blüten auch noch reichlich Früchte (Hagebutten) hervortreibt, sind auch Sie nicht unterzukriegen.

Bei aller Kampfkraft sind Sie im allgemeinen eine »friedliche Natur«, obwohl Sie auch recht empfindlich reagieren können. Wie die Wildrose wehren Sie dann den allzu Dreisten mit einem dichten Stachelschutz ab. Unternehmensaufbau, jemandem aus größten Schwierigkeiten helfen, nach Schicksalsschlägen wie Phoenix aus der Asche hervortreten – das sind Ihre persönlichen Stärken. Um sich zu größter Üppigkeit entwickeln zu können, braucht die Wild- oder Heckenrose viel Raum. Auch Sie brauchen Raum, und zwar in Form von Vertrauen anderer in Ihre Kreativität und Ihr Können. Dann treiben Sie aus und bringen alles in kurzer Zeit zum Blühen. Kein Wunder, Sie sind eben eine Wildrose.

Wohlfühltips: Wenn man so einsatzbereit ist wie Sie, die Wildrose, zehrt das natürlich an den Kräften. Deshalb: Haushalten Sie mit Ihrer kostbaren Energie. Seien Sie ruhig einmal egoistisch, und genießen Sie die Früchte Ihres Wirkens. Gönnen Sie sich einen schönen Urlaub oder kleine Verwöhneinheiten, wie Sie in diesem Buch beschrieben werden. Neue Kraft können Sie auch in den Meditationen finden. Ihre Anpassungsfähigkeit in

Ehren, aber prüfen Sie die jeweilige Situation genau. Entspricht die (Ver-)Bindung, die Sie zu Mensch oder Sache eingehen wollen, wirklich Ihrem innersten Wunsch? Ist es wirklich erforderlich, dass Sie sich aufopfernd für etwas engagieren? Das rechtzeitige und konsequente Nein-Sagen könnte auf Ihrer Lernliste stehen.

Positive Leitsätze für die Wildrose:

- Ich löse mich aus den Ketten von Gefühlsverstrickungen und kann ganz zu mir und meinen Bedürfnissen stehen.
- Der grüne Heilstrahl fließt durch meine Zellen, ich entspanne vollkommen im grünen Licht und neue Kraft erwacht in mir.
- Reine Lebensfreude und Zuversicht durchströmen mich. Ich weiß, alles ist gut.
- Ich verwirkliche meine Ideen und genieße es, wie meine Kräfte sich darauf konzentrieren.

Kein Weg ist ihr zu weit – die Bodenrose

1. Ist Ihnen kein Weg zu weit, kein Berg zu steil, wenn Sie ein Ziel vor Augen haben?
2. Sind Sie hartnäckig und können sich Platz verschaffen?
3. Arbeiten Sie gern direkt an der Basis?
4. Haben Sie manchmal das Gefühl, nicht genügend beachtet zu werden?
5. Passiert es, dass Ihre Qualitäten erst auf den zweiten Blick von anderen anerkannt werden?
6. Legen Sie Wert auf Beständigkeit und Treue?
7. Können Sie ein »einnehmendes« Wesen an den Tag legen?
8. Ist es Ihnen ein Bedürfnis, andere zu schützen, evtl. zu pflegen?
9. Brauchen Sie, um wirkliche innere Harmonie zu erlangen, den Zuspruch von außen?
10. Können Sie Anvertrautes gut für sich behalten?
11. Geht es Ihnen in Ihrer Persönlichkeitsentwicklung oft um Themen wie das Lösen von alten Einstellungen und Verhaltensmuster?

Sie haben viele Ja-Antworten zu diesen Fragen? Dann leben Sie vielleicht wie die Bodendeckerrose in gewissem Sinn an der Basis des Lebens. Dabei gehören Sie meist nicht zu den Personen, die auf den ersten Blick »bestechen«. Sie werden – wie die bodendeckende Rose – eher beim zweiten Hinsehen bemerkt – dann aber bleiben Sie und Ihre »Blüten« im Gedächtnis. Beständigkeit, Treue und Durchsetzungsvermögen sind Ihre Stärken. Wenn Sie von einer Sache überzeugt sind, ist Ihnen kein Weg zu weit und kein Berg zu hoch, um Ihr Ziel zu erreichen. Die Rose in der Natur benötigt dazu gute Bodenbedingungen und Lichtverhältnisse. Bei Ihnen spielen die Aussicht auf Sicherheit, gute Lebensbedingungen und ein positives Umfeld eine wichtige Rolle. Wenn Sie auch nicht allzu wehrhaft erscheinen oder sich nach außen so geben, haben Sie doch eine gute Fähigkeit, Menschen oder Dinge, die Sie lieben, zu schützen. Wie die Bodenrose vom Gärtner sorgfältig beschnitten und von überflüssigem Laub und Ästen befreit wird, dürften Sie häufig mit Situationen im Leben konfrontiert sein, die Sie auffordern, von alten Einstellungen und überholten Verhaltensweisen loszulassen. Die Kraft und Motivation dazu schöpfen Sie im Zuspruch von außen. Symbolisch ist das mit der regelmäßigen Pflege durch den Gärtner zu vergleichen, der die Bodenrose vor unschönen Auswüchsen bewahrt und sie

kraftvoll wachsen lässt. Nach einigem »Wildwuchs« in unbefriedigenden Gefilden finden Sie zu der Basis, auf der Sie üppig gedeihen – Sie sind eben eine Bodenrose.

Wohlfühltips: Das Leben in der »unentdeckten« Etage mag Sie manchmal frustrieren. Sie mühen sich ab, und andere, die sich besser »verkaufen« können, ernten die Lorbeeren. Bei solchen Gedanken sollten Sie sich auf Ihre Qualitäten besinnen und damit beginnen, Ihr Selbstbewusstsein zu stärken. Suchen Sie Kontakte, die Sie fördern und stärken. Prüfen Sie, ob Sie es nicht selbst sind, die sich im Wege steht. Ob es Hemmungen, falsche Bescheidenheit oder Lebensumstände sind, die Sie vom üppigen »Austreiben« zurückhalten? Vielleicht brauchen Sie eine neue Basis, um Ihr ganzes Potential zu entwickeln.

Positive Leitsätze für die Bodenrose:

- Ich erkenne, welche Verhaltensweisen und Gedanken nicht mehr in mein Leben passen und löse mich von ihnen.
- Mein Körper, mein Geist und meine Seele sind frei, klar und gesund.
- Ich bin in mir geborgen, deshalb lasse ich von allen Erwartungen, die ich an andere richte, los.
- In mir ist Ruhe und Kraft und freudig öffne ich mich für alles Gute, das jetzt in mein Leben tritt.

Immer weiter zieht es Sie – die Kletterrose

1. Hält es Sie nicht lange an einem Ort?
2. Wollen Sie »hoch« hinaus?
3. Sind Stillstand, festgefahrene Einstellungen und einengende Erwartungshaltungen Situationen, die Sie nur schwer ertragen können?
4. Sind Sie kontaktfreudig?
5. Sind Sie großzügig?
6. »Umgarnen« Sie Ihre Mitmenschen gern mit Ihrem Charme und gutem Aussehen?
7. Spüren Sie den inneren Drang zu persönlicher Selbstverwirklichung und Weiterkommen?
8. Haben Sie manchmal das Bedürfnis nach Unterstützung von anderen?
9. Neigen Sie dazu, Menschen oder eine Sache »mit Haut und Haaren« einzunehmen?
10. Haben Sie das Bedürfnis, sich auch einmal anlehnen zu können?
11. Zeigen Sie Ihre Stacheln unmissverständlich und heftig, wenn Ihnen etwas nicht passt?

Wenn im Sommer die Kletterrosen blühen, ist die Hochzeit des Gartens. Auch Sie lieben die Hochzeiten des Lebens und haben die Gabe, Sie in vollen Zügen zu genießen. Wie die Kletterrose benötigen Sie nach solcher Üppigkeit Erholung und Rückzug. Das heißt nicht, dass Sie völlig ruhen. Im Gegenteil, Sie bereiten sich auf neue »Schachzüge« im Leben vor. Vergleichbar mit der Kletterrose, die neue Wege sucht, um Ihre Blüten auszubreiten. Die Kletterrose erklimmt Rosenbögen, Säulen und Hausmauern. Sie sind zu hochfahrenden geistigen »Klimmzügen« fähig, denn Sie wollen hoch hinaus. Um dies zu erreichen, nutzen Sie Ihre Kontaktfähigkeit und scheuen auch nicht vor »Vitamin B« zurück. Warum auch, schließlich haben Sie sich Ihre Beziehungen nicht umsonst erarbeitet! Sie fordern Ihre Mitmenschen, denn bei allem »Kletterwillen« benötigen Sie für Ihre hochgesteckten oder waghalsigen Ziele Halt und Stütze, und, wenn die Sache einmal nicht klappt, auch eine »starke Schulter« zum Anlehnen. All dies wird der Kletterrose durch den Gärtner mit Rankbögen und stützenden Holzstäben zuteil. Unterstützung zu finden, fällt Ihnen meist leicht, denn Sie und Ihre »Blüten« in Form von Ideen und Zielen sind einfach überzeugend. Und natürlich wissen Sie Ihren Charme und Ihr gutes Aussehen zu nutzen – Sie sind eben eine Kletterrose.

Wohlfühltips: Vielleicht sind Sie manchmal enttäuscht, wenn Menschen, die zunächst positiv auf Sie reagierten, plötzlich Abstand und Distanz suchen. Ihren Bewunderern sind Sie schlicht zu viel geworden – zu viel Power, zu viele Ideen, zu viel Nähe haben ihnen die Luft zum Atmen geraubt. Jetzt heißt es Geduld, Einfühlsamkeit und Toleranz zu entwickeln. Bei Ihrem Drang nach Selbstverwirklichung gehen Sie mit Ihren Kräften meist nicht grade zimperlich um. Unermüdlich hetzen Sie zu Kursen, absolvieren Praktiken und lesen nebenbei noch kistenweise Fachbücher. Gönnen Sie sich zwischendurch auch einmal wieder einen Rückzug, um Kraft für die nächste Hochzeit zu tanken.

Positive Leitsätze für die Kletterrose:

· Ich atme aus. Und mit jedem Ausatmen lasse ich ein Stück meiner Anspannung los.

- Ich bin gelassen und entspannt, alle negativen Einflüsse gleiten von mir ab.
- Ich atme ein und fühle die Freiheit in mir, meine Ziele zu verwirklichen.
- Ich bin voller Energie und Lebensfreude und stecke andere damit an.
- Ich erwarte nur das Beste und ziehe es auch an.

Freundlich und clever – die Zwergrose

1. Mischen Sie gern überall mit?
2. Sind Sie vielseitig engagiert?
3. Haben Sie, trotz großer Anpassungsfähigkeit, gern einen festen Rahmen?
4. Lieben Sie Gesellschaft?
5. Bemühen Sie sich, zu jedermann freundlich zu sein?
6. Sind Sie glücklich, wenn Sie andere glücklich machen?
7. Werden Sie manchmal gefragt: »Woher nimmst du bloß die Energie?«
8. »Alles, was mich nicht umbringt, macht mich nur stark« – könnte dieser Ausspruch von Ihnen stammen?
9. Können Sie sich auch an den kleinen Dingen des Alltags erfreuen?
10. Überwinden Sie Tiefschläge relativ rasch?
11. Sind Verlässlichkeit, positives Denken und Hilfsbereitschaft für Sie keine Fremdwörter?

»Unkompliziert« könnte man in einem Wort das Wesen der Zwergrose bezeichnen. Und wenn Sie in diesem Fragebogen überwiegend Ja-Antworten haben, werden Ihre Freunde diese Eigenschaft wohl auch bei Ihnen besonders loben. Wie ihre üppig blühenden blumigen Wesensgenossen erfreuen Sie Ihr gesamtes Umfeld. Und wie die Zwergrose blühen Sie in Gesellschaft auf. Sie haben für jeden ein freundliches Wort und wissen die trockenste Unterhaltung aufzumuntern. Über mangelnde Kontakte oder Einsamkeit brauchen Sie sich meist nicht zu beklagen. Sollte eine Lebenssituation Ihnen aber Einsamkeit bescheren, leiden Sie sehr darunter und setzen alle Hebel in Bewegung, um dies zu ändern. Wie die Zwergrose, die im Garten ebenso munter wie im Balkonkasten blüht, sind Sie flexibel genug dazu. Sie eignen sich zur Unternehmungsführung ebenso wie zum Vorstandsvorsitz eines Vereins. An Ihrem Führungsstil wird vor allen Dingen Ihre Gabe zur Motivation anderer geschätzt. Sie können Angestellte dazu bewegen, liebend gern Überstunden zu machen und Vereinsmitglieder dazu, vollzählig zur Versammlung zu kommen. Wie die Zwergrose, die sich rasch von sommerlichen Gewitterstürmen erholt, trotzen Sie dem Schicksal. Nicht knorrig stark wie eine Eiche, sondern elastisch, biegsam und flexibel – Sie sind eben eine Zwergrose.

Wohlfühltips: Das wichtigste für Ihr Seelenheil ist, an den kleinen Dingen des Lebens Ihre Freude zu behalten. In Gesellschaft von Pracht, Prestige und Macht könnten Sie Gefahr laufen, diese Fähigkeit zu verlieren. Aber sie ist ein Lebenselixier für Sie, das Ihnen über dunkle Stunden hinweghilft, wenn Pracht, Prestige und Macht sich verflüchtigt haben. Auch Ihr »Galgenhumor« kann Ihnen helfen. Allerdings liegt in ihm die Gefahr, schmerzhafte Erfahrungen, die bearbeitet sein wollen, zu übertünchen. Erfahrungsaustausch in der Gruppe, zur Ruhe kommen in der Meditation und kleine Verwöhneinheiten im Alltag entsprechen Ihrem Wesen und bringen Ihnen kraftspendende Impulse.

Positive Leitsätze für die Zwergrose:

- Nach Anstrengungen ziehe ich meine Kräfte bewusst aus dem Außen zurück und regeneriere so vollkommen.
- Reines weißes Licht erfüllt meine Zellen und mein Geist löst sich von allen verwirrenden Informationen.
- Ich genieße bewusst die kleinen Dinge des Alltags und freue mich daran.
- Ich vertraue darauf, dass ich zur richtigen Zeit am richtigen Ort bin.

Beachtung ist ihr sicher – die Buschrose

1. Genießen Sie die Aufmerksamkeit anderer?
2. Staunen Sie (und andere) manchmal darüber, was Sie alles erreicht haben?
3. Würden Sie sich eher als Kosmopolit, denn als heimatbezogen bezeichnen?
4. Schätzen Sie konstruktive Kritik als eine wichtige Möglichkeit, Ihre Fähigkeiten immer mehr zu verbessern.
5. Wollen Sie freundlich, offen, charmant und großzügig auf andere wirken?
6. Sind Sie verantwortungsbewusst und besitzen Durchhaltevermögen?
7. Ist Ihnen Ihr äußeres Erscheinungsbild sehr wichtig?
8. Fühlen Sie sich anderen gegenüber manchmal überlegen?
9. Macht Ihnen die Gefühlskälte anderer insgeheim zu schaffen?
10. Wissen Sie Ihre Kräfte gezielt und zu Ihrem Vorteil einzusetzen?
11. Können Sie sich gut behaupten und sich den Platz im Leben verschaffen, den Sie anstreben?

Mit vielen Ja-Antworten in dieser Liste können Sie sich über Ihre Wesensverwandtschaft zur Buschrose freuen. Die große international verzweigte Rosenfamilie findet sich in den vielen gezüchteten Buschrosensorten (Polyantha- und Floribundarosen) wieder. Durch Neuzüchtungen und Kreuzungen werden die Vorzüge der einzelnen Rosensorten immer mehr verfeinert oder kristallisieren sich heraus. Die stete Weiterentwicklung Ihrer Persönlichkeit ist auch ein wichtiges Anliegen von Ihnen. Über mangelnden Erfolg auf Ihrem Weg können Sie sich aufgrund Ihrer offenen, kontaktfreudigen Art meist nicht beklagen. Anderen gegenüber scheinen Sie manchmal im Vorteil zu sein, zum Beispiel durch wohlwollende Förderung anderer. Wenn die Buschrose auf gute gärtnerische Pflege trifft und einen idealen Standplatz hat, entwickelt sie üppig besetzte Blütenzweige. Wenn Sie das

Glück haben, die richtigen Personen zu treffen, können Sie Ihr enormes Potential entwickeln. Sie wissen Ihre Fähigkeiten, Ihren Charme, Ihr gutes Aussehen, Ihr Verantwortungsgefühl, Pflichtbewusstsein und Durchhaltevermögen gekonnt in Szene zu setzen und genießen die Bewunderung anderer. Wie der Rosenbusch, an dem noch eine letzte eiserstarrte Blüte beim ersten Wintereinbruch hängt, setzen Sie sich unerschütterlich für Ihre Pläne, Ziele und Ihre Lebensaufgabe ein und blühen bis zum Schluss – Sie sind eben eine Buschrose.

Wohlfühltips: Ihre nach außen gerichtete Persönlichkeit erlaubt Ihnen wenig Zeit und Muße für sich selbst und zum Ausspannen. Ein voller Terminkalender, geschäftlich wie privat, ist bei Ihnen an der Tagesordnung. Manchmal kann sich dann das Gefühl einschleichen, Marionette des inneren Dranges nach Erfolg und Ansehen zu sein. Sie bringen vollen Einsatz, und das erfordert auch Regeneration.

Schenken Sie sich diese durch entspannende Spaziergänge oder Meditationen, und lassen Sie sich von Kosmetikerin und Masseur verwöhnen.

Positive Leitsätze für die Buschrose:

- Ich erkenne, was mich zerstreut und unruhig macht und stelle mir vor, wie es sich im goldenen Heilstrahl auflöst.
- Ich gönne mir nun vollkommene Entspannung und genieße die Ruhe in mir.
- Ich bleibe mir selbst treu und weiß, die Wurzeln für mein Wohlbefinden sind in mir.
- Ich höre auf meine Gefühle und handle freudig danach.

Man muss sie einfach bewundern – die Edelrose

1. Lieben Sie es, andere durch Ihre Taten zu erstaunen?
2. Blühen Sie bei Anerkennung und Bewunderung anderer auf?
3. Treten Sie gern aus der Masse hervor?
4. Sind Äußerlichkeiten wichtig für Sie?
5. Scheuen Sie nicht davor zurück, Bedingungen zu stellen?
6. Sind Sie manchmal launisch?
7. Fühlen und erleben Sie alles, die guten wie die schlechten Zeiten, sehr intensiv?
8. Schmückt man sich gern mit Ihnen?
9. Neigen Sie zu Extravaganzen?
10. Lieben Sie es, charmant und schön auf andere zu wirken?
11. Können Sie unermüdlich sein, wenn es darum geht, Ihre innere Kraft und Ihr Potential freizulegen?

Wenn Sie die meisten Fragen mit »Ja« beantwortet haben, begrüßen Sie bitte die Edelrose als »rosige Gleichgesinnte«.

Wie die Edelrose, die Stengel für Stengel kleine Blütenwunder hervorbringt, ist auch Ihnen Ihr Äußeres wichtig. Sie pflegen und verbessern das, was Ihnen die Natur mitgab, ständig. Die Edelrose braucht dazu den fachkundigen Schnitt durch den Gärtner. Sie sind Stammkunde bei Kosmetikerin, Friseur, Nail-Designerin, Fitness-Club etc. Sie besitzen hohe Anziehungskraft, was sich, wenn Sie zum Beispiel ein berufliches Ziel verfolgen, in raschem Erfolg niederschlagen kann. Es kann vorkommen, dass man Ihnen ernsthafte Arbeit und Durchsetzungsfähigkeit zunächst nicht zutraut und Sie bei harten Bedingungen auf die Probe stellt. Dann kann ein Unternehmen tatsächlich fehlschlagen, wie auch die Edelrose im Garten sehr empfindlich reagieren kann. Meist haben Sie aber soviel Selbstbewusstsein entwickelt und stellen entsprechende Forderungen, die für Ihre Pläne beste Bedingungen darstellen. Der Stachel Ihrer Launenhaftigkeit mag schon manchen Bewunderer gepikst haben. Doch zu schön ist es, sich mit Ihnen zu zeigen, sich zu schmücken. Eine Zeit lang können Sie es genießen, nur Schmuck und Zierde zu sein, doch dann besinnen Sie sich auf Ihre innere Kraft und auf Ihr Potential, selbst die schönsten Blüten hervorbringen zu können – Sie sind eben eine Edelrose.

Wohlfühltips: Wie die Edelrose bei wärmenden Sonnenstrahlen erblüht, brauchen Sie die Anerkennung und Bewunderung anderer. Um diese zu bekommen, sind sie bereit, viel zu geben. Manchmal zu viel, und Sie wachen im goldenen Käfig wieder auf. Er setzt sich aus Druck und Erwartungen anderer an Sie zusammen, und sich selbst darin wiederzufinden ist schwer. Ihr Wunsch nach Sicherheit und einem guten Standort ist groß und lässt Sie oft lange zögern, Schritte in die wirkliche Unabhängigkeit zu gehen. Aus der »großen Rose« kann dann ein hilfloses Blütenhäufchen werden. In »schwachen« Zeiten sollten Sie auch kleinste Fortschritte feiern. Wertvolle und aufbauende Impulse können Sie ferner in der Meditation gewinnen.

Positive Leitsätze für die Edelrose:

- Regenbogenfarbenes Licht durchströmt meinen ganzen Körper und löst Zweifel und Unruhe auf.
- Ich löse mich aus Abhängigkeiten und genieße das Gefühl der Freiheit und Kraft.
- Ich fühle die Stärke in mir und weiß, dass ich kann, was ich will.
- Wärme und Zuversicht erfüllen mich. Indem ich sie ins Außen strahle, ziehe ich Freude und liebevolle Menschen an.

EINE UNNAHBARE SCHÖNE – DIE HOCHSTAMMROSE

1. Heben Sie sich gern deutlich von der Masse ab?
2. Lieben Sie das Besondere?
3. Genießen Sie das Leben gern in vollen Zügen?
4. Wirken Sie dennoch manchmal unnahbar?
5. Könnte der Spruch »Alles oder Nichts« von Ihnen kommen?
6. Karg bis üppig – Nehmen Sie es mit allen Lebenssituationen auf?
7. Brauchen Sie das Gefühl, sich auf jemanden verlassen zu können?
8. Ist das Gefühl von Sicherheit und Halt wichtig für Sie?
9. Blühen Sie auf bei dem Wissen, dass andere Ihre Pläne und Taten unterstützen?
10. Empfinden Sie Ihren Erfolg manchmal als Last, die Sie unfrei und abhängig von anderen macht?

Sie haben viele Ja-Antworten in diesem Fragekomplex? Dann ähneln Sie in Ihrem Wesen dem Ihrer »rosigen Verwandten«, der Hochstammrose. Wie Ihre hochelegante Blumenschwester lieben auch Sie es, sich deutlich von der Masse abzuheben. Sie begnügen sich nicht mit der »mittleren Laufbahn« im Leben, Sie wollen höchste Ziele erreichen. Dazu begeben Sie sich in Bedingungen, die größte Flexibilität von Ihnen verlangen. Wie Teehybriden oder Polyantharosen ihren Platz im Beet verlassen müssen, um auf einen Hochstamm »verpflanzt« zu werden, trägt Sie das Schicksal oft weit weg von Ihrem eigentlichen Ursprung. Meist genießen Sie es, so heben Sie sich ja auf jeden Fall von der Masse ab. Dennoch gibt es für Sie manch einsame Stunde an der Spitze des Lebens zu verbringen. Wie eine blütenbeladene Hochstammrose schaffen Sie es manchmal nicht, die Last allein zu tragen und suchen nach einer verlässlichen Stütze. Der Gärtner hilft der Rose mit einer Holzstütze, Sie benötigen die Stütze in Form von Menschen, die Ihnen Mut zusprechen, Sie neu motivieren. Die Luft kann dünn sein dort oben. Aber Sie lassen es sich auf keinen Fall anmerken und treiben lustvoll immer neue Blüten hervor – Sie sind eben eine Hochstammrose.

Wohlfühltips: Höchste Ansprüche an sich selbst können schwer auf die Brust drücken. Unter dem Druck der selbstauferlegten Pflichten und Erwartungen kann die Luft nicht nur symbolisch, sondern im wahrsten Sinn des Wortes dünn werden. Halten Sie inne, und bringen Sie sich zum Beispiel mit Atemübungen in die innere Mitte zurück. Hohe Ziele bergen ebenso die Gefahr des Abhebens. »Die da unten« können Sie und Ihre Philosophien nicht mehr verstehen. Man bewundert Sie zwar, aber Sie sind unnahbar, un(be-)greifbar geworden. Die anderen warten nur auf ein Zeichen, Ihnen (wieder) nahe sein zu dürfen. Geben Sie es Ihnen – zu Ihrem eigenen Glück.

Positive Leitsätze für die Hochstammrose:

- Ich lasse Pflichten und Erwartungen los und befreie mich von allem Ballast.
- Ich wende mich bewusst den kleinen Dingen des Lebens zu. Ich finde dabei ganz zu mir selbst und genieße meine innere Ruhe.
- Ich bin sicher und geborgen, und ruhige Zuversicht erfüllt mich.
- Ich nehme mir Zeit, all meine positiven Erlebnisse intensiv zu genießen und teile meine Freude mit anderen.

Farbaspekte

Deutung der Farbaspekte

Sie haben eine gelbe Rose aus dem Kartenset gezogen, lieben aber normalerweise dunkelrote? Dann können die folgenden Farbdarstellungen die Rosenbeschreibungen beeinflussen bzw. vertiefen. Dies gilt natürlich auch, wenn Sie eine Rose in Ihrer Lieblingsfarbe gezogen haben. Je stärker die Farbvorliebe ist und evtuell auch für andere Lebensbereiche gilt, je deutlicher treffen die Aussagen zu. Die bei der Rose beschriebenen Wesenszüge können dabei als grundsätzliche innere Einstellung und Persönlichkeitsstruktur betrachtet werden. Die Farbeinflüsse verdeutlichen, wie und mit welchen zusätzlichen Vorlieben, Stärken und Schwächen wir die Dinge angehen. Genannt werden verschiedene Farbnuancen, wie sie auch bei Rosen vorkommen.

Weisse Farbaspekte

Sie lieben das Licht, die Freiheit und die Klarheit. Auf andere wirken Sie meist anziehend und harmonisch. Sie strahlen eine gewisse Leichtigkeit aus und können andere gut auf deren Weg zur Selbstverwirklichung unterstützen. Äußere Einflüsse und die Stimmungen in Ihrem Umfeld nehmen Sie stark wahr. Hier kommt Ihnen Ihre Gabe, »neutralisierend« in schwierigen Situationen zu wirken, zugute. Doch manchmal spüren auch Sie Schwäche in sich und schalten um auf »unnahbar«. Nun gilt es, die eigene Blockade wieder zu durchbrechen. Akzeptieren und genießen Sie einfach einmal die Hilfe oder die Aufheiterung von anderen und im Nu kehrt auch Ihre Leichtigkeit wieder zurück.

Gelbe Farbaspekte

Aufgeschlossen, tatkräftig, neugierig und mit einem sicheren Sinn für alles Praktische und Nachvollziehbare gehen Sie ans Werk – und dies am liebsten mit Schwung und Begeisterung. Da Sie meist warmherzig, offen und kommunikativ auftreten, können Sie andere leicht von Ihren Ideen und Zielen überzeugen. Sie treffen klare Entscheidungen, die gelegentlich etwas vorschnell sein können. Manchmal allerdings können Sie sich im Nachdenken verlieren, oder es gibt zu viel Nebensächliches, was Sie zerstreut, unsicher oder zu kritisch macht. Dann gilt es, sich zu sammeln, den gewohnten klaren Blick wiederzugewinnen und überzeugt zu handeln.

HELLGRÜNE FARBASPEKTE

Grün spielt als Blütenfarbe bei Rosen wie bei anderen Blumen eine sehr kleine Rolle. Doch die grüne Rose »Rosa chinensis viridiflora« kann für die grünen Farbaspekte Pate stehen, weshalb ich diese Farbe hier erwähnen möchte. Wenn helle Grün- und Gelbgrüntöne Ihre Lieblingsfarben sind, lieben Sie das Neue, sind eine »Erfinderseele« und probieren gerne aus. Ihr Wahlspruch könnte »learning by doing« heißen, was Sie unerschrocken auf alles zugehen lässt. Ihrem Umfeld sind Sie manchmal zu schnell und nicht »fassbar« genug. Manchmal ist auch Ihrer Seele Ihr änderungsfreudiger Lebensstil zu schnell. Dann heißt es einzuhalten, durchzuatmen und einen Gang zurückzuschalten.

TIEFGRÜNE FARBASPEKTE

Dunkel und intensiv leuchtet das Blattgrün der Rosen. Wer diese Farbvorliebe hat, schätzt Harmonie und Sicherheit in seinem Leben. Für andere sind Sie oft eine Quelle der Hoffnung und der unerschütterlichen Ruhe. Den manchmal tief im Inneren aufflackernden Pessimismus überspielen Sie gekonnt. Ihr methodisches, durchdachtes und häufig weitsichtiges Vorgehen spielt Ihnen langfristig solide Erfolge ein. Ihre Aktivitäten versuchen Sie im Einklang mit Ihrer Umwelt zu leben. Manchmal kann Ihnen dies das Gefühl einbringen, zu sehr von anderen beeinflusst zu sein. Nun gilt es, eigene Bedürfnisse und Ideen zu erkennen und umzusetzen.

HELLORANGE FARBASPEKTE

Liebenswürdigkeit und Charme sind Ihre Stärken, wenn sie Apricot- und Pfirsichtöne lieben. Meist sind Sie offen, hilfsbereit und großzügig Ihren Mitmenschen gegenüber. Sie sind empfindsam und haben eine reiche Fantasie. Freunde und Bekannte lieben Ihre Gesellschaft. Sie genießen Ihre Frische, Ihr Strahlen und nehmen gern an Ihrem oft bewegten Leben teil. Gerne sind Sie künstlerisch tätig, was auf verschiedenen Ebenen sein kann. Manchmal nei-

gen Sie dazu, sich zu verzetteln. Weil Sie Ihren Weg nicht mehr sehen, können Unruhe und Angst Sie erfassen. Dann gilt es, sich selbst treu zu bleiben und auf die »Bauchstimme« zu hören, die Ihnen sagt, was gut für Sie und Ihre Zukunft ist.

Tieforange Farbaspekte

Ehrgeizig, praktisch veranlagt, fleißig und kommunikativ zeigen Sie anderen oft, wo es langgeht. Für Dinge, die Ihnen am Herzen liegen, können Sie sich mutig und entschieden einsetzen. Ihre Begeisterung überträgt sich dann auf andere und fegt Zweifel davon. Sie lieben die schönen Dinge des Lebens und haben die Gabe, sich immer mit ein wenig Luxus zu umgeben. Der Wunsch nach Materiellem kann stark sein, und seelische Bedürfnisse – eigene und die der anderen – können verdrängt werden. Auf eine gewisse Weise kann sich daraus eine starre und manchmal übertrieben stolze Haltung ergeben. Dann gilt es, wieder Bewegung und Neues im Leben zuzulassen, umzudenken und die inneren Werte zu Wort kommen zu lassen.

Rote Farbaspekte

In der Waagschale ihres Lebens liegen große Energie, Optimismus, Leidenschaft, Herzlichkeit. Hat Ihr Lieblingsrot einen Stich ins Braune, fließen sinnliche Erdverbundenheit und Warmherzigkeit mit ein. So ausgerüstet, scheuen Sie weder Wettbewerb, noch harte Arbeit – und erreichen damit meist die kleinen und großen Ziele, die Sie sich im Leben gesetzt haben. Die positive Beachtung und die Anerkennung anderer sind ein Lebenselixier für Sie, das Sie brauchen, um Ihr gesundes Selbstbewusstsein zu wahren. Manchmal kann es sein, dass Sie sich beim Einsatz für etwas zu sehr verausgaben. Sie fühlen sich ausgebrannt und erschöpft und Ängste und Zweifel nagen an Ihnen. Dann heißt es loszulassen von Überholtem und Belastendem, um in der Ruhe Ihre verschütteten Kräfte wiederzufinden.

Pink Farbaspekte

Herzlichkeit und Sensibilität im Umgang mit anderen kennzeichnen die zarten Rosétöne. Ihre Vorgehensweise ist meist sanft, beständig und immer bereit, Verständnis für andere aufzubringen. Fantasie ist eine Ihrer großen Stärken. Verbunden mit Sanftmut können Sie erstaunliche Ziele erreichen. Je intensiver und dunkler der bevorzugte Pinkton ist, je mehr wollen die gute Kommunikationsfähigkeit, Flexibilität und Fantasie gelebt und zur Geltung gebracht werden. Die vielfältigen Möglichkeiten, die das Leben bietet, können verwirren, und es besteht eine Neigung, im Träumen zu verharren. Dann gilt es, vermehrt praktische Dinge zu tun und mit neuem Realitätssinn seine Träume umzusetzen.

Lavendel Farbaspekte

Schönheit und Individualität sind wichtige Aspekte in Ihrem Leben, wenn Sie Lavendeltöne lieben. Gerne lassen Sie sich inspirieren und versuchen, Ihre Inspiration und Ideen romantisch und mit Gefühl weiterzugeben. Selbstgesetzte oder äußere Begrenzungen können die vorhandene Willensstärke beeinflussen. Labilität und innere Zweifel können Ihnen zu schaffen machen und am eigenen Tun hindern. Nun ist es an der Zeit, das bisher Erreichte vor Augen zu halten, sich von Blockaden zu lösen und mit einem positiven Blick auf sich selbst seine Ziele zu verwirklichen.

Violette Farbaspekte

Gerne genießen Sie eine feine, nicht alltägliche Stimmung. Sie lieben den Umgang mit künstlerischen, spirituellen und intuitiven Menschen, weil sie Ihnen ähnlich sind und ein Austausch auf gleicher Ebene stattfinden kann. Ihr Denken ist frei und oft geprägt von kreativen Lebensphilosophien und Zukunftsplänen. Der Blick auf den »normalen« Alltag kann dann verschwimmen und auf andere können Sie abgehoben, egozentrisch und manchmal etwas überheblich wirken. Dann gilt es, bewusst Erdverbundenheit zu suchen und realistische Wege zum Ausdruck Ihrer Kreativität und Spiritualität zu entdecken.

Schwarze Farbaspekte

Die schwarzen Farbtöne der Rosen basieren auf sehr dunklen Rot- und Violetttönen, die je nach Lichteinfall auch wahrgenommen werden. Entsprechend kommen diese Farbsymboliken auf einer tieferen, intensiveren Ebene zum Tragen. So kann es sein, dass Sie Ihre Eleganz, Erotik und Ihr Temperament meist geheimnisvoll verhüllen und es genießen, geweckt zu werden. Dann strömen Sie über und Ihre Umwelt erlebt Sie als warmherzigen und leidenschaftlichen Menschen. So wie das schwarze Vulkangestein die innere Glut verbirgt, können Sie aber auch äußerst zurückhaltend wirken und sich ausgegrenzt fühlen. Dann gilt es, sich wieder für die Wärme von Außen zu öffnen und andere an Ihrer Glut teilhaben zu lassen.

Rosenmeditationen

Als Erfolgs- und Glücks-Schaltzentrale tragen Geist und Seele wesentlich zu unserer ganzheitlichen Persönlichkeitsentwicklung bei. Wenn die »Regler« richtig justiert sind, ist das geistig-seelische Zentrum zu Höchstleistungen fähig. Wenn ein »falsches Programm« (zum Beispiel durch Erziehung, Selbsttäuschung, Gefühlsunterdrückung) eingelegt ist, kann es dagegen verheerende Wirkung auf unseren Erfolg, unser Glück und Wohlbefinden haben. Nicht zuletzt auch auf unsere Gesundheit, die von Geist und Seele gefördert oder blockiert werden kann. Um funktionstüchtig zu bleiben, benötigen Geist und Seele, wie unser Körper, regelmäßige Nahrung und Pflege. Zum Teil deckt sich das Nahrungsbedürfnis von Geist und Seele mit dem des Körpers. Außer Vitaminen und Mineralstoffen braucht das zentrale Duo aber auch noch jede Menge Aufbau- und Spezialnahrung in Form von gezielter Bewusstseinsarbeit. Ein wichtiges Element dazu ist die Meditation. Der meditative Zustand ist eine ideale Voraussetzung, um die persönlichen Stärken eines Menschen herausarbeiten und weiterentwickeln zu können. Im Alpha-Zustand während der Meditation können sich die Ströme der rechten und linken Gehirnhälfte ausbalancieren und dadurch wesentlich aufnahmefähiger für Information werden. Die persönlichkeitstrainierende Information sinkt während der Meditation tief ins Unterbewusstsein. Das Unterbewusstsein übernimmt jetzt sozusagen eine Motorfunktion und gibt die heilenden Impulse an das Oberbewusstsein weiter, das dann mit der Umsetzung beginnt. Die nachfolgenden meditativen Geschichten sind so geschrieben, dass Sie sie bereits während des Lesens nachvollziehen können. Möglich ist auch, die Geschichten ein- oder mehrmals zu lesen und sie dann bei entspannender leiser Musik noch einmal vor Ihrem geistigen Auge ablaufen zu lassen. Schön ist natürlich, wenn Ihnen der Text vorgelesen wird, während Sie entspannen können.

In der Heiloase

Meditative Gesundheitsvision

Vorbereitung: Stellen Sie eine Vase mit Rosen, einen Zimmerrosenstock oder eine Rosenblüte in der Wasserschale vor sich hin. Betrachten Sie die Rose während des Lesens dieser Geschichte, und nehmen Sie ihren Duft intensiv wahr. So wird es Ihnen leichtfallen, die nachfolgende Vision zur Steigerung Ihrer Gesundheit in Gedanken selbst zu erleben.

An einem schönen, warmen Frühlingstag mache ich einen Spaziergang am Strand und gelange zu einer wunderschönen Rosen-Oase. Inmitten der duftenden Blütenbüsche ist schon ein behaglicher Platz für mich hergerichtet: Ich lasse mich darauf nieder und komme völlig zur Ruhe. Der Kampf in mir ruht, meine Ängste und Befürchtungen schweigen. Hier habe ich Zeit für mich, ich kann die Zeit fließen lassen. Ich bin ganz bei mir, und alles wird gut.

Rosenduft hüllt mich ein, und der Duft fließt sanft durch meinen Körper. Meine Zellen öffnen sich langsam, um sich völlig zu reinigen. Mein Geist ist bereit, sich nun bewusst von allem Kranken und Belastenden zu lösen. Meine Seele ist glücklich, und ich spüre ein Lächeln auf meinem Gesicht. Bei jedem duftenden Einatemzug strömt das grüne Licht der Rosenblätter heilend in mich, und meine Zellen können sich von Gift, Schlacken, entarteten Strukturen und allem Ballast lösen. Im vielfarbigen Licht der Rosenblüten beginnen meine Zellen mit ihrem gesunden Neuaufbau. Mit jedem Ausatemzug kann ich die gelösten Gifte und Schlacken, die entarteten Zellen und allen Ballast wegatmen.

Ich spüre eine große Heilenergie um mich und weiß, dass ich nun mit meinem inneren Heiler und mit meinem geistigen Heiler in Kontakt treten kann. Sie werden mir helfen, meine gesundheitlichen Probleme zu lösen. Mein innerer Heiler hilft mir, meine sichtbaren, spürbaren und schmerzhaften Probleme aufzulösen. Mein geistiger Heiler befreit mich von allen energetischen Strukturen, sozusagen den Wurzeln meiner Krankheit, damit ich auch in Zukunft frei davon bleibe.

Ich atme das grüne Heillicht der Rosenblätter und bitte meinen inneren Heiler, mich von Giften, Schlacken, entarteten Zellen, von Spannungen und Schmerzen zu befreien. Beim Ausatmen strömt aller Ballast wie dicker Nebel von mir. Dann atme ich das vielfarbige Heillicht der duftenden Rosenblüten ein und bitte meinen geistigen Heiler, die Wurzeln aller Gifte und entarteten Zellen, der Spannungen und Schmerzen aus mir herauszulösen. Und beim nächsten Ausatmen sehe ich sie als dichten Nebel zum Horizont aufsteigen und beobachte, wie sich der Nebel völlig auflöst. Ich weiß, ich bin nun befreit von den Wurzeln meines Ballasts. Freudig füllen sich meine Zellen mit dem Regenbogenstrahl, der von den Rosenblüten in mich strömt, und ich sehe, wie sie sich neu und gesund aufbauen. Dankbar betrachte ich meine Rosen-Heiloase: Ich danke meinen Heilern und mache mich auf den Weg zurück ins Hier und Jetzt und weiß: Meine Zellen, mein ganzer Körper, mein Geist und meine Seele sind gesund.

Am Fuss des Berges

Meditatives Motivationstraining zum Erreichen Ihres Zieles

Vorbereitung: Pflanzen Sie eine rote und rosa Rose in Ihren Garten, auf Balkon oder Terrasse, oder kaufen Sie sich Minirosenstöcke fürs Zimmer. Diese Rosen sind ab jetzt Ihr Talisman, Ihr Wegbegleiter zu Ihrem Ziel. Immer, wenn Sie sie betrachten, rufen Sie sich die nachfolgende Vision Ihres Zieles ins Gedächtnis. So wird es Ihnen leichtfallen, sich in ein neues Arbeits- und Erfolgsgefühl einzufühlen und Ihr Ziel konsequent zu verfolgen.

Es ist ein strahlender Tag, und ich wandere zum Fuße eines Berges. Ich suche eine schöne freie Stelle am Hang und hole voller Vorfreude eine kleine Rosenpflanze aus meinem Rucksack. An dieser Stelle möchte ich sie einpflanzen und beginne, ein Pflanzloch zu graben. Während ich das tue, geht mir mein persönliches Ziel durch den Kopf. Es macht mir Spaß, Detail für Detail zu überdenken. Ich prüfe alle Vorteile und alle Nachteile, die mir einfallen. Nach einiger Zeit haben sich meine »wilden« Pläne zu einem Puzzle geformt, das mein Ziel deutlich, realistisch und greifbar darstellt.

Als ich die Rose in das Pflanzloch setze und Erde um sie herum anhäufe, spüre ich, dass mein Erfolg wie diese Rose wachsen wird. Wie diese Rose benötigt auch mein Erfolg Pflege und Sorgfalt, um eines Tages in voller Blüte zu stehen. Ich gieße die Rose mit reinem Wasser aus dem nahen Gebirgsbach. So klar wie dieses Wasser werden auch meine Pläne sich gestalten, so klar wie dieses Wasser stelle ich mir täglich mein Ziel vor und arbeite daran.

Ich spüre die Kraft in mir, mein Ziel zu verwirklichen und nutze sie. Täglich widme ich mich meinem Ziel. Ich bin aktiv dafür tätig und freue mich über jeden Teilerfolg. Flexibel überprüfe ich ständig, wie ich meine Aktivitäten noch verbessern könnte und gehe meine Gedanken immer sofort an. Ich fange voller Freude an und komme in Fluss. Dieser Satz ist von großer Wichtigkeit für mich.

Zwischendurch gönne ich mir auch Erholung, denn in einem ausgeruhten

Körper und Geist wachsen Tatkraft und Zuversicht. An einem solchen Erholungstag besuche ich meine Rose am Berg und staune, als ich dort ankomme. Eine große Fläche des Hanges ist bereits mit meiner Rose bewachsen. Meine Rose ist gewachsen wie meine Pläne. Bald werden all ihre Knospen blühen, und ich spüre die »rote Energie«, die in den Blüten steckt. Mein Herz ist voller Freude, als ich die roten Rosenblüten betrachte und ihren köstlichen Duft einatme. Dabei fällt mir die Lösung zu einem Problem ein, das sich neulich ergab. Ich mache mich auf den Rückweg und weiß, ich werde es lösen.

Die Erinnerung an die rote Rosenfläche weckt immer wieder Kraft und Freude in mir, und ich verfolge meine Ziele. Ich stelle sogar eine Steigerung meiner Gefühle fest, wenn ich an meine Ziele denke. Früher war ich »nur« begeistert von meinem Ziel, jetzt spüre ich, dass auch mein Herz dieses Ziel liebt. Ich genieße die liebevollen Gefühle, die ich mit meinem Ziel verbinde. In mir wächst eine Überzeugungskraft, die meinen liebevollen Gefühle entspringt. Andere spüren meine ehrliche liebevolle Überzeugung, und von Tag zu Tag habe ich nun mehr und mehr Erfolg.

Es drängt mich, dies meiner Rose am Berg mitzuteilen. Als ich dort ankomme, jubelt mein Herz. Der ganze Hang ist mit roten und rosa Rosenbüschen übersät. Zu der roten kraftvollen Energie ist noch die rosa herzliche Schwingung dazugekommen – so wie es mir mit meinem Ziel geht. Ich betrachte den blühenden Rosenhang und weiß: Ich habe mein Ziel erreicht und werde es weiter pflegen.

Vitalbad fürs Ich

Meditatives Training für einen gesunden Selbstwert

Vorbereitung: Stellen Sie einen bunten Rosenstrauß in Sichtweite auf, zum Beispiel, wenn Sie ein Bad nehmen oder es sich in einem Sessel bequem machen. In die Aromalampe können Sie außerdem noch ein, zwei Tropfen ätherisches Rosenöl geben. Während Duft und Blüten auf Sie wirken, erleben Sie lesend Ihr persönliches Vitalbad.

Am Eingang der römischen Therme stehen große Vasen mit Rosensträußen. Ihr Duft berührt mich ganz tief, und ich fühle, dass sie mein wahres Wesen erkennen und mich fördern möchten. In meinem Herzen ist Vertrauen, als ich den Säulengang entlang gehe, um meine erste Badestation zu erleben.

Im ersten Badesalon empfängt mich zarter, blumiger, leicht pudriger Duft. Die weißen Rosenblüten, die auf dem Wasser des smaragdgrünen Badepools schwimmen, verströmen ihn. Vorsichtig lasse ich mich in das Becken gleiten und genieße die liebevolle Reinheit, die mich umhüllt. Ich nehme die Botschaft der weißen Blüten auf: »Lass alles los, was deinen Körper beschwert. Lockere deine Muskeln, entspanne deine Gelenke, lasse dein ganzes Gewebe weich werden, und genieße deine Weichheit. Dann lass deinen geistigen Ballast los. Gib deine Sorgen, deine Ängste, deinen Ärger, deine Wut und deinen Druck frei und lass sie ziehen. Genieße, wie schön es ist, frei zu atmen und wie klar dein Geist ist. Befreie deine Seele von dem Druck, den du oder andere ihr auferlegt haben. Und fühle, wie schön es ist, die Leichtigkeit deiner Seele zu spüren«. Völlig frei von allem Ballast entspanne ich noch eine Weile in meinem weißen Badesalon.

In einen weichen, warmen Bademantel gehüllt, gehe ich rosenumrankte Säulenarkaden entlang zu meinem nächsten Bad. Der Duft von Rose und Vanille liegt in der Luft, und voller Freude gleite ich zu den zartgelben Rosenblüten ins Wasser. Ich fühle mich leicht und klar, völlig frei und bereit, meine Persönlichkeit neu zu gestalten. Die Botschaft der gelben Blüten lautet: »Lass nun vor deinem geistigen Auge ein Bild davon entstehen, wie du sein möchtest. Überlege dir beim Anblick der gelben Blüten, was du an dir ändern willst und welche Persönlichkeitsanteile du besser entwickeln möchtest. Mache dir ein klares Bild von deiner neuen Persönlichkeit und auch davon, was du durch die neue Art erreichen möchtest. Dann stelle dir vor, wie du sein wirst und wie du dich fühlen wirst«. Ganz deutlich sehe ich mich so sein und handeln, wie ich es mir wünsche, und ich genieße dieses Gefühl. Ich lasse mich von den gelben Rosen und ihrem Duft motivieren und spüre, wie meine innere Sicherheit, meine Stabilität und mein klarer Verstand wachsen. In diesem Gefühl bade ich noch eine Weile voller Genuss.

In mir sind Sicherheit und Klarheit, als ich zum nächsten Badesalon gehe. Würzig und süß schwebt mir der Duft der flamingoroten Rosen entgegen. Wärme durchströmt mich und meinen Körper, als ich ins Wasser gleite. Dann erreicht mich die Botschaft der Rosen: »Fülle dich nun mit roter Rosenenergie. Sie lässt dich mutig und tatkräftig das umsetzen, was du dir vorgenommen hast. Die rote Rosenenergie gibt dir die Kraft, äußerliche Einflüsse an dir abgleiten zu lassen, die dich sonst schwach, hilflos und unsicher machen würden. Hülle dich täglich in die rote Rosenenergie. So stärkst du deine Persönlichkeit und wirst in positivem Sinn durchsetzungsfähig und zielbewusst.« Eine Weile betrachte ich mich in meiner neuen aktiven Handlungskraft und genieße das kraftvolle Gefühl. Ich bin vital, und mühelos praktiziere ich mein neues, selbstbewusstes Verhalten und erreiche mein Idealbild.

Lagune der Schönheit

Meditatives Wecken der inneren Schönheit

Vorbereitung: Stellen Sie eine offene Rosenblüte oder ein schönes Rosenblütenbild in Blicknähe auf, während Sie diese Geschichte lesen und vielleicht eine Gesichtspackung einwirken lassen. So gehen Sie Ihrer inneren Schönheit ein Stück entgegen und können eine ganz persönliche Schönheitsvision erleben.

Nach einem kleinen Spaziergang auf einer wildromantischen Roseninsel komme ich an eine Lagune. Auch hier blühen üppige Rosen, und ich betrachte eine der zarten aprikotfarbenen Blüten. Wie weich geschwungen ihre Blüten sind, die sich wunderbar samtig anfühlen. Der Blütenrand schimmert wie mit Gold überzogen, und der warme Orangeton vermittelt mir angenehme Beschwingtheit und Heiterkeit. Ich fühle, wie meine Gesichtszüge sich lockern, wie meine Stirn sich glättet und wie ich die Spannung in meinem Hals loslasse. Ich fühle mich angenehm frei und leicht, und ein Lächeln erhellt mein ganzes Wesen.

Ich lasse mein Gesicht sanft auf die duftende Blüte in meinen Händen sinken. Die zarten Blüten sind wie ein Streicheln auf meiner Haut. Tief atme ich ihren frischen und doch milden Duft ein und öffne mich ganz für die angenehme Entspannung. Mit dem Ausatmen lasse ich alle Zweifel, Eigenbegrenzung, Unzufriedenheit und Bitterkeit los, und ich lasse es zu, dass mein Gesicht sich völlig entspannt. Ich spüre, wie meine Zellen sich öffnen. Nun können sie sich befreien von allen Giften und Schlacken, auch das gestaute Wasser in den Zellen kann abfließen und wird abgebaut. Ich fühle, wie meine Haut aufatmet, wie sie sich befreit und regeneriert. Mein Gesicht wird glatter, frischer und elastischer. Nun entsteht Raum für neue, positive Einstellungen, die mein Gesicht offen und freundlich machen. Ich genieße meine erwachte innere Freude, die mich strahlen lässt und die Haut rosig färbt. Ich bin völlig zufrieden. In mir wächst das Gefühl der Stärke, und in meiner Haut fühle ich neue Spannkraft.

Ich fühle nun meinen Körper. Tief atme ich den Rosenduft ein und öffne mich ganz für die angenehme Entspannung, die wie eine warme Welle durch meinen Körper fließt. Mit dem Ausatmen lasse ich alle Zweifel, Eigenbegrenzung, Unzufriedenheit und Bitterkeit los, die die wahre Form meines Körpers verhindern. Ich atme alle negativen Gefühle von mir, bis die Schwere von meinem Körper abfällt. Nun gebe ich mich ganz der angenehmen Leichtigkeit hin, die mich durchströmt, wie das Wissen, dass ich Schöpfer meiner Schönheit bin. Der Weg zu meiner Schönheit ist frei. In mir liegt die Kraft, die Schönheit meines Körpers zu wecken. Ich spüre, wie mein Gewebe sich entspannt, wie sich meine Zellen öffnen. Alle Gifte, Schlacken, alles überflüssige Fett und Wasser fließt nun ab und wird abgebaut. Mein Körper wird beweglicher, graziler und elastischer. Ich fühle mich vital und voller Spannkraft und blicke auf die Blüte in meiner Hand. In den Blütenblätter sehe ich ein schönes, entspannt und glücklich lächelndes Gesicht und einen wohlgeformten Körper – mein Gesicht und meinen Körper. Ich weiß: Nun ist meine innere Schönheit geweckt, sie leuchtet. So bin ich wirklich. Ich bin schön.

START IN EINEN ERFOLGSTAG

Meditativ-suggestive Selbstmotivation für einen positiven Tagesverlauf

Vorbereitung: Betrachten Sie während des Frühstücks eine orangefarbene Rose in der Vase, und tragen Sie ein Mini-Rosensträußchen, zum Beispiel aus Seide, oder ein kleines Rosenbild während des Tages bei sich. Letztere sind für Sie ein »Anker«, der Sie immer wieder zu Ihrer guten Laune zurückbringt.

In meinem geistigen Rosengarten beginnt mein positiver und erfolgreicher Tag. Dort sitze ich und genieße, wie sich mein Atem wohlig im Rosenduft ausdehnt. Ich lasse es zu, dass ich innerlich weit werde, dass ich frei und locker bin. Eine angenehme Wärme ist in mir, und ich fühle mich völlig geborgen. Ich betrachte meine orangefarbene Lieblingsrose und plane mit ihr meinen Tag.

Ihr Anblick weckt Entschlossenheit in mir, einen positiven Erfolgstag zu erleben. Ich habe alle Voraussetzungen, erfolgreich, selbstsicher und kreativ meinen Tag zu gestalten. Es fällt mir leicht, offen und freundlich auf andere zuzugehen. Mein Selbstbewusstsein wächst bei dem Gedanken, dass ich mir meine Wirklichkeit aus eigener Kraft schaffen kann.

Meine orangefarbene Rose strömt mit warmem Feuer in mich und weckt meine Begeisterung. Gleichzeitig wachsen meine Ausgeglichenheit und Zuversicht. Alles Unsichere, alle Zweifel und Ängste lösen sich auf. Ich bin stark, und ich weiß, dass ich auf meine innere Stärke bauen kann. Ich bin mir völlig bewusst, dass ich die Lösung für jedes Problem weiß und dass ich jeder Situation gewachsen bin. Ich betrachte meine Rose und fühle mich in meine innere Sicherheit ein.

Die Energie der Blume überträgt sich auf mich. Reine Lebensfreude und Zuversicht durchströmen mein Fühlen und Denken. Ich weiß einfach, dass alles gut wird. Ich lausche nach innen und spüre, wie meine unbewussten Kräfte sich verstärken. Während des Tages werden sie sich wie die orangefarbene Blüte in meinen Händen entfalten und üppig blühen. Ich fühle, wie ich innerlich leuchte und wie meine innere Kraft alles überstrahlt.

Ich bin jeder Situation, die heute auf mich zukommt gewachsen. Meine innere Sicherheit lässt mich gelassen und überlegt reagieren. Ich kann freundlich, aber bestimmt meine Meinung vertreten. Freudig nehme ich jede Herausforderung bei meiner Arbeit an und löse sie erfolgreich.

Vor schwierigen Situationen stelle ich mir meine Reaktionen, meine Worte und Aktivitäten, was immer es sei, intensiv vor. Ich weiß, dass ich Erfolg haben werde. Ich bin voller Selbstvertrauen und fühle mich frei und sicher. Ich fühle mich gut. Ich bin gut. Immer wenn ich heute Kraft und persönliche Stärke brauche, erinnere ich mich an meine orangefarbene Rose. Sie fördert meine gelassene Heiterkeit, meinen Mut, meine Kreativität und meine Kommunikations- und Entscheidungsfähigkeit. Nun fühle ich mich frei, zuversichtlich und unbeschwert – mein Erfolgstag kann beginnen.

Ein Liebesgeschenk für dich

Meditative Gefühlsmotivation für alle, die Liebe und Zuneigung schenken möchten

Vorbereitung: Geben Sie ein bis zwei Tropfen ätherisches Rosenöl in die Aromalampe, und legen Sie eine Rosenblüte bereit. Mit dem Duft der Rose und der nachgefühlten Form der Blüte können Sie Ihre Gefühle wecken und auf neue Art erleben und vermitteln. Diese Übung können Sie auch zu zweit oder in der Gruppe machen und sich anschließend über die empfundenen Gefühle austauschen.

Mein Spaziergang führt mich durch einen Park. So habe ich mir immer einen Märchengarten vorgestellt. Eine rosa Kletterrose berührt mit einem ihrer Äste meinen Arm, als wollte sie mich auf einen besonders schönen Platz aufmerksam machen. Hier ist es wirklich schön, und ich setze mich auf die weiche Decke, die für mich bereitliegt. Ich schließe meine Augen und genieße den Duft der vielen Rosen um mich herum. Wie süß die eine Blüte riecht, wie frisch und zitronenartig die andere. Ganz langsam lasse ich den Duft in meine Nase fließen. Die Rose soll mir ihren Duft senden können, ich will ihn ihr nicht entreißen. Immer weiter strömt der Duft, ganz hoch in meine Stirn, bis zu meiner Schädeldecke.

Ich lasse meine Alltagsgedanken davonflattern, keiner von ihnen soll mich an diesem Ort belasten. Langsam komme ich einem ganz besonderen Gefühl näher, das jetzt immer stärker in mir klingt. Ich atme und lasse die Harmonie der Rose durch mein Herz schweben, durch mein Gemüt und durch meinen Verstand, bis ich völlig von Harmonie durchdrungen bin. Das liebevolle Gefühl in mir wird stärker, ganz weit wird mein Herz. Ich liebe alles Sein und bin eins mit ihm.

Meine Liebe ist rein und stark, sie will sich verströmen. Ich nehme eine Rosenblüte in meine Hände. Ganz sanft streichen meine Fingerspitzen über ihre Blütenbögen und fühlen jede wellige Erhebung und jede Rundung. Weich, warm und samten fühlt sich die »Haut« der Rose an. Wie deine Haut, die ich durch diese Blüte nun streichle. Ganz deutlich sehe ich dich in dieser Rose und lasse meine Liebe durch die Blüte strömen. So bist du mir ganz nah, wie fern du auch bist. Ich lasse alle Zweifel, die ich in meinem Herzen trage, los, damit ich dir reine Liebe senden kann. Ich löse mich von allen Schmerzen und Enttäuschungen. Ich verzeihe allen, die sie verursacht haben, damit die Liebe, die ich sende, unbelastet ist. Noch stärker fühle ich dich in der Blüte, und ich sende dir Harmonie, Verzeihen und Glück. Ich sende dir Freude, Mut und Hoffnung. Ich sende dir Leichtigkeit, Freiheit und Offenheit. Ich sende dir Liebe. Vielleicht spürst du an deinem fernen Ort meine Liebe? Dann geh zu einer Rose. Fühle ihre Blüten und erfühle ihr Wesen. Ahne, dass ich es bin, und verströme deine Liebe.

ROSENTRÄUME DEUTEN

Traumdeutung ist für die Phasen der Persönlichkeitsentwicklung eine wertvolle Hilfe. Träume sind »Botschafter« des Unterbewusstseins. Als solche können sie uns lebensberatende Informationen des Unterbewusstseins vermitteln, die im täglichen Leben von großem Nutzen sein können. Die Deutung von Rosenträumen basiert auf der reichen Symbolsprache dieser Blume, die sich über viele Jahrhunderte aufgebaut hat. Im allgemeinen sind Rosenträume ein Zeichen, dass »die Seele blüht« und sich nach Vollkommenheit sehnt. Mit einem Rosentraum signalisiert das Unterbewusstsein ein reiches Innenleben und will Ihnen – gerade in schwierigen Lebensphasen – Trost spenden. Wie jeder Traum kann ein Rosentraum individuell gedeutet werden. Dabei hat jedes Detail eine bestimmte Aussage, die sich, wie bei einem Puzzle, zu einem Gesamtbild formen. Wenn Sie Ihren Rosentraum deuten, versuchen Sie sich detailgenau zu erinnern:

Blütenform:	*Wie war die Blüte – geschlossen, leicht oder voll erblüht oder welk?*
Stengel:	*Wie war der Stengel – glatt, mit viel oder wenig Stacheln?*
Farbe:	*Welche Farbe hatte die Rose?*
Geruch:	*Wie roch sie?*
Umfeld:	*Wo stand die Rose – im Garten, auf dem Feld oder in einer Vase?*

DEUTUNG BLÜTENFORM

Die Form der Blüte kann auf einen Entwicklungszustand oder auf das Alter einer Person hinweisen. Knospige Blüten symbolisieren den Beginn einer Entwicklung, eine jugendliche Einstellung oder eine junge Person. Ist die Blüte am Aufblühen, kann zur Zeit etwas in Ihnen aufblühen, eine Idee, ein Gedanke, ein Lebensgefühl, eine neue Lebensphase … Eine voll erblühte Rose ist ein Hinweis auf volle Lebensblüte, man steht sozusagen mitten im Leben, inmitten einer Aktion. Diese Lebensphase wird meist – in ihren Höhen und Tiefen – bewusst und genussreich erlebt. Welke Blütenteile deuten auf einen nötigen Regenerationsprozess hin. Möglich ist auch, dass eine Lebensphase zu Ende geht, eine Entwicklungsstufe beendet ist. Auch wenn welke Blüten im Traum eher enttäuschend sein mögen, vielleicht sogar Angst einflößen – bedenken Sie bitte, dass nichts Neues entstehen kann, bevor nicht Altes abstirbt. Insofern können welke Blüten ein Hinweis sein, sich von Altem zu lösen und Neues, Belebendes zuzulassen.

DEUTUNG STENGEL

Der Stengel gibt der Rose Halt, entsprechend trägt er auch die Symbolik des Rückgrats und übergeordnet des Lebensweges in sich. Ein fester, gerader Stengel symbolisiert Lebenskraft und Geradlinigkeit. Möglicherweise verfolgen Sie zur Zeit ein bestimmtes Ziel und tun dies mit Engagement und »Rückgrat«. Ein unproportional dicker Stengel kann ein Hinweis dafür sein, dass sehr viel Kraft in eine Lebenssituation gegeben wird und dass Sie Ihre männlichen Gefühlsanteile wie Führungskraft, Standhaftigkeit und Durchsetzungsvermögen stark ausleben und eventuell einen Ausgleich schaffen sollten. Stacheln repräsentieren die Fähigkeit, sich abzugrenzen. Ein wohlproportionierter Anteil an Stacheln zeigt ein harmonisches Maß an natürlicher Autorität an. Ein stachelübersäter Stengel kann Zeichen von extremer Verletzbarkeit sein. Sie geben sich kratzbürstig, sind ein Pflänzchen »Rühr-mich-nichtan«, eher introvertiert und distanziert. Möglicherweise haben Sie schlechte Erfahrungen gemacht und diese Haltung als Eigenschutz aufgebaut. Versuchen Sie, Ihre Seele zu versöhnen. Meditationen, Aufenthalt in der Natur und therapeutische Gespräche können dazu beitragen, dass Ihre innere Rose sich wieder wohlfühlt.

Deutung Farbe

Farben sind die feinen Nuancen, die die grundsätzliche Bedeutung in eine ganz bestimmte Richtung lenken. So bedeuten weiße Rosen Verliebtheit bzw. liebevolle reine Gefühle, die möglicherweise auch zurückgehalten oder verborgen werden, denn Weiß ist keine aktive Farbe wie zum Beispiel Rot. Rote Rosen haben ebenfalls Liebesbezug. Sie setzen sich mit voller Herzenskraft für einen Menschen oder für ein Ziel ein. Rosa Rosen betonen noch mehr ein Herzensbedürfnis. Anders als rote Rosen, bei denen Aktivität im Spiel ist, symbolisieren rosa Rosen eher das geduldige Abwartenkönnen in einer Situation. Man gibt sein Herz, ohne etwas dafür zu wollen. Gelbe Rosen weisen auf eine Beziehung hin, die einem kostbar ist, aber vom Verstand beherrscht wird. Möglicherweise plagen einen negative Gedankenstrukturen, weshalb man früher gelbe Rosen oft mit Eifersucht in Verbindung brachte. Orangefarbene Rosen weisen auf offenen, herz-

lichen und kommunikativen Umgang mit anderen hin. Die derzeitige Lebensphase dürfte von kreativer Schaffenskraft und vielseitigem Kontakt geprägt sein. Auch Rosen in ungewöhnlicher Farbe können vorkommen. Mit dunkelblauen Rosen möchte Ihr Unterbewusstsein Sie auf Ihre Zurückgezogenheit hinweisen. Möglicherweise schauen Sie zur Zeit tief in Ihre Seele oder sollten es tun, da Sie im Moment guten Zugang zu Ihrer Intuition haben. Violette Rosen deuten auf eine spirituelle Entwicklungsphase oder Erlebnisse, die verarbeitet werden, hin.

Deutung Geruch

Manche Menschen erinnern sich direkt an den Geruch und können ihn beschreiben, für andere ist der Geruch eher ein Gefühl. Frische Düfte vermitteln etwas Neues, Fremdes, etwas, das einen berührt, das man für sich erobern möchte. Milde angenehme Düfte unterstreichen das persönliche Wohlbefinden und weisen auf Vertrauensbereitschaft hin. Von süßen Düften lassen wir uns gern berauschen. Vielleicht sind Sie der Fülle des Lebens ein Stück nähergekommen oder sollten es zulassen? Ein weiterer Schritt in der Duftdefinition ist die Feststellung, ob Ihnen der Duft bekannt war? Dann dürften Sie sich in einer vertrauten Lebensphase befinden. Düfte können auch zu verschütteten Erinnerungen/Erlebnissen führen. Möglicherweise trägt eine solche wiederentdeckte Erinnerung zum Fortschritt in Ihrer jetzigen Situation bei. Ähnlich ist es bei Düften, die als Gefühle wahrgenommen werden. Wenn Sie beispielsweise im Traum an der Rose gerochen haben und daraufhin ein bestimmtes Gefühl entstand, können Sie an diesem Punkt ansetzen. Wie war das Gefühl? Liebevoll, misstrauisch, traurig, begeistert? Schlagen Sie nun die Brücke zum Jetzt. Welcher »Duft des Lebens« (zum Beispiel eine Entscheidung) ist auf Sie zugekommen, oder welchen nehmen Sie in sich auf (zum Beispiel Wissen), der diese Gefühle verursacht?

Deutung Umfeld

Je nachdem, ob Sie eine einzelne Rose, eine Busch- oder Kletterrose im Traum gesehen haben, hat das unterschiedliche Aussagekraft. Die einzelne Rose deutet auf eine nach außen abgegrenzte Persönlichkeit hin. Distanz ist Ihnen im Moment wichtig, einmal um sich selbst zu schützen, zum anderen, um Ihre Lebenssituation ungeachtet anderer Meinungen betrachten zu können. Vielleicht sehnen Sie sich nach Bewunderung, die man Ihnen als »alleinstehende« Rose allerdings nur schwer entgegenbringen kann. Das bedeutet: Suchen Sie den Kontakt zu anderen, und zeigen Sie sich in Ihrer Blüte. Ein Rosenbusch in einem Garten deutet auf ein geselliges Leben in einem festgesteckten Kreis liebgewonnener Menschen (Familie/Freunde etc.) Jeder trägt auf seine Weise zum Wohle der Gemeinschaft bei, und darauf legen Sie auch Wert – oder Sie möchten sich solch ein Umfeld gerne erschaffen. Kletterrosen symbolisieren persönliches Wachstum mit viel praktischem Sinn, nach dem Motto: eine Hand wäscht die andere. Möglicherweise sind sie gerade dabei, Ihre Fähigkeiten oder Ihren Aktionsradius zu erweitern. Wenn Sie von Heckenrosen träumen, könnte das bedeuten, dass Sie noch ungeahnte Potentiale entdecken möchten und dabei den Sinn fürs Praktische und Umsetzbare bewahren sollten.

Kleines Rosenlexikon

Anosmie: totaler Verlust des Geruchssinnes

Avicenna: islamischer Philosoph und Arzt (980-1037 n. Chr.), Leibarzt und Wesir an persischen Fürstenhöfen, Begründer der islamischen Theologie, der als erster die Prinzipien der Chemie studierte und anwandte. Soll die Technik des Extrahierens von heilkräftigen Blumen- und Pflanzenteilen mittels Destillation erfunden haben.

Blumenkohl: Gemüsekohlart, deren Achselknospen rosenartig ausgebildet sind.

Duftbaustein: Alle Inhaltsstoffe, die in einem Parfum enthalten sind. Das können wenige sein, es gibt aber auch Parfums, die aus mehreren hundert Duftbausteinen bestehen.

Eau de Toilette und Eau de Parfum: Bezeichnung für die Konzentration des Alkohol-Wasser- und Duftstoffgemisches. Ein Eau de Toilette enthält vier bis acht Prozent reine Duftstoffe, ein Eau den Parfum acht bis 12 Prozent.

Gulistan: persisch für Rosengarten.

Hagebutten: Sammelfrucht verschiedener Rosenarten, zum Beispiel der Heckenrose (Rosa haematodes), der Kartoffelrose (Rosa rugosa), der Apfelrose (Rosa villosa), der Hundsrose (Rosa canina).

Kopfschmerzen: können auftreten, wenn intensiv duftende Rosen (auch andere Blumen) über Nacht im Schlafraum stehen. Grund: Sie erzeugen während der Nacht Kohlendioxyd, das, je höher der Anteil in der Atemluft ist, zu Kopfschmerzen führen kann.

Ovid: röm. Dichter (43 v. bis 17 n. Chr.), schrieb Liebeselegien, Kleinepen sowie ein Buch über Kosmetik, in dem mehrfach Rosen erwähnt werden.

Parfumtest: Die Nase kann etwa drei Düfte auseinanderhalten, die ähnlich sind. Bei sehr unterschiedlichen Düften etwa sechs. Beim Probeschnuppern mit leichten Düften beginnen, da die Nase bei schweren Parfums schneller ermüdet.

Plinius: 23 oder 24 n. Chr., röm. Offizier und Gelehrter, u.a. Verfasser einer großen »Naturgeschichte«, die zahlreiche Heilmittel und Heilweisen beschreibt. Er nennt zum Beispiel aus

Pflanzen gewonnene Heilmittel: 32 aus Rosen, 21 aus Lilien, 17 aus Veilchen, 41 aus Minze, 25 aus Pennyroyal, 41 aus Iris, 84 aus Gartenraute.

Rosarium: Rosenpflanzung in einer Anlage.

Rhodochrosit: Rosafarbener Edelstein (Mangan-Carbonat) mit rosettenartigen Maserungen. Der Name kommt aus dem Griechischen und bedeutet »rosenfarbig«. Der Stein wird auch Inkarose, Rosinca, Manganspat oder Himbeerspat (siehe auch Kapitel »Rosensteine«) genannt.

Rhododendron: Pflanzengattung mit zahlreichen Arten wie Alpenröschen, Steinröschen, Azalee. Gemeinsam haben sie eine rosenähnliche Form der Blüten. Der Name ist abgeleitet aus dem griechischen Wort für Rose = rhodon.

Rhodonit: Rosafarbener Edelstein (Mangan-Silikat) mit schwarzen Maserungen. Der Name kommt aus dem griechischen und bedeutet soviel wie »Rosenstein« (siehe auch Kapitel »Rosensteine«).

Rimmel, Eugene: Autor des Parfum-Klassikers »Das Buch des Parfums«.

Rosalina: Bezeichnung für Spitzenstickerei.

Rosazea: (Acne Rosacea, Rotfinnen, Kupferrose, Kupferfinne) Hauterkrankung, die meist im 5. Lebensjahrzehnt mit sichelfleckförmigen Rötungen, Schuppungen und Pusteln auftritt.

Rosa Salvator: italienischer Maler und Dichter (1615-1673), der Schlachten- und Landschaftsbilder malte.

Rosa von Lima: Schutzheilige Lateinamerikas (1586-1617) und peruanische Dominikanerin.

Rosella: Gelb-rot gefärbter Sittich aus Südaustralien.

Roseg-Gletscher: Größter Gletscher des Bernina-Massivs.

Rosenbrötchen: (Kaiserbrötchen oder Rosensemmel) weiches, süßliches Hefebrötchen mit Rosinen und geformten fünf Zacken auf der Oberseite.

Rosenobel: alte englische Goldmünze aus der Zeit des König Eduard III.

Rosengarten: Berggruppe der westlichen Dolomiten, berühmt wegen ihrer Vajolett-Türme, bis 3000 Meter hoch.

Rosengewächse: formenreiche, fast weltweit verbreitete Planzengewächse, zu der viele Kultur- und Zierpflanzen gehören, u.a. Apfel-, Birn-, Kirsch-, Pflaumen-, Pfirsichbaum, Eberesche, Erdbeerpflanze, Fingerkraut, Frauenmantel und natürlich die Rose.

Rosenhochzeit: 10. Jahrestag der Eheschließung.

Rosenholz: Sammelbezeichnung für Hölzer, deren Duft oder Farbe an Rosen erinnern. Dazu gehören strauchartige Windenpflanzen, wie die Jamaika-Rose und Hölzer mit rosenroter Färbung, wie echtes Rosenholz, ostindisches und afrikanisches Rosenholz.

Rosenkäfer: (Goldrosenkäfer) zur Unterfamilie der Blatthornkäfer gehörend, meist metallisch glänzend, häufig an Blüten zu finden.

Rosenkranz: (auch Rosarium, kath.) Gebetsschnur oder Kette mit sechs größeren und 53 kleineren Perlen oder Kugeln. Der Rosenkranz ist eine Gebetsform aus Ave Maria und Vaterunser und wird während Marienandachten Perle für Perle gebetet. Eine gesamte Gebetsfolge besteht aus der Betrachtung von drei mal fünf Geheimnissen der Erlösung und dem Beten von fünf mal zehn Ave Maria, die nach jedem zehnten Ave Maria je durch ein Vaterunser getrennt sind. In früheren Zeiten war die Gebetskette mit Hagebutten aufgezogen. Daher der Name Rosenkranz.

Rosenkranzfest: kath. Fest am 7. Oktober zur Marienverehrung.

Rosenkohl: hochstengelige Winterkohlart mit rosenförmigen Köpfen, deren Geschmack sich intensiviert, wenn das Gemüse Frost ausgesetzt war.

Rosenkreuzer: theosophisch-mystische Geheimgesellschaften im 15. bis 18. Jahrhundert, im 20. Jahrhundert Neubildungen. Das Grundanliegen der Rosenkreuzer war eine Reform innerhalb des deutschen Protestantismus mit dem Anliegen, Kirche, Staat und Gesellschaft zu erneuern, wobei die Harmonie von naturwissenschaftlichem und christlichen Glauben im Vordergrund stand. Der Rosenkreuzer-Gedanke wirkte stark auf die Freimaurerei.

Rosenkriege: englische Thronkämpfe von 1455 bis 1485 zwischen den Häusern York und Lancaster, die beide die Rose als Wappenzeichen hatten. York die weiße Rose, Lancaster die rote Rose.

Rosenmontag: rheinische Bezeichnung für den Fastnachtsmontag. Früher Rasenmontag, von rasen, gemeint war der »tolle« Montag. Nach 1830 als Rosenmontag belegt.

Rosenquarz: Edelstein, rosa Farbvarietät des Quarzes (Silicium-Dioxid), der eine lichtrosa bis schwach violette Färbung haben kann (siehe auch Kapitel »Rosensteine).

Rosenthal: traditionsreiches Porzellan (eingetragenes Warenzeichen).

Rosenstock: Knochenzapfen der Stirnbeine von Rehen und Hirschen, denen das Geweih entwächst. Das kranzartige Geweih bezeichnet der Jäger als Rose.

Roseola: Hautausschlag, der mit linsengroßen roten Flecken, u.a. bei Typhus, auftritt.

Rosette: Bezeichnung für rosenförmiges Schmuckelement, auch Schlifform für Diamanten.

Rosinante: Synonym für »Schindmähre«, alter Klepper. Name des Pferdes in dem Roman »Don Quichotte« von Cervantes (Spanien, 1615). Der Roman handelt von einem in Ritter-Fantasien versponnenen Schwärmer, der sein altes Pferd Rosinante für einen edlen Rappen hielt.

Rosine: franz. = getrocknete Weinbeeren.

Rosolio: italienischer Likör.

Süskind, Patrick: Autor des Romans »Das Parfum«

Stichwort- und Rezeptregister